Gabriela Grunden
Wer glaubt, fragt

Ignatianische Impulse
Herausgegeben von Stefan Kiechle SJ und Willi Lambert SJ,
Band 37

Ignatianische Impulse gründen in der Spiritualität des Ignatius von Loyola. Diese wird heute von vielen Menschen neu entdeckt.

Ignatianische Impulse greifen aktuelle und existentielle Fragen wie auch umstrittene Themen auf. Weltoffen und konkret, lebensnah und nach vorne gerichtet, gut lesbar und persönlich anregend sprechen sie suchende Menschen an und helfen ihnen, das alltägliche Leben spirituell zu deuten und zu gestalten.

Ignatianische Impulse werden begleitet durch den Jesuitenorden, der von Ignatius gegründet wurde. Ihre Themen orientieren sich an dem, was Jesuiten heute als ihre Leitlinien gewählt haben: Christlicher Glaube – soziale Gerechtigkeit – interreligiöser Dialog – moderne Kultur.

Gabriela Grunden

Wer glaubt,
fragt

echter

Bibliografische Information der Deutschen Nationalbibliothek

Die Deutsche Nationalbibliothek verzeichnet diese Publikation in der
Deutschen Nationalbibliografie; detaillierte bibliografische Daten sind
im Internet über <http://dnb.d-nb.de> abrufbar.

© 2010 Echter Verlag GmbH, Würzburg
www.echter-verlag.de
Umschlag: Roberto Meraner
Druck und Bindung: CPI – Clausen & Bosse, Leck
ISBN 978-3-429-03170-1

Inhalt

Vorwort

Liebe Leserin, lieber Leser!

»Hartes, nüchternes, bohrendes Fragen ist schon ein Akt der Frömmigkeit.«[1] Es gibt viele interessierte, suchende und fragende Menschen. Wer sucht und fragt, ist nicht ungläubig oder weniger gläubig. Wer nach Gott fragt, der sucht, hofft, wartet. Er gibt sich nicht zufrieden mit schnellen Antworten. Für ihn ist nicht einfach alles klar. Er hinterfragt den Status quo in Politik und Gesellschaft, in Kirchen und Kulturen. Er ist skeptisch gegenüber dem, was »man« so tut und denkt, er spricht nicht einfach nach, was andere ihm vorsagen. Die Frage nach Gott ist mit der Frage nach dem Menschen, schließlich mit der Frage nach dem Sinn verbunden: Wer bin ich? Woher komme ich? Wohin gehe ich? Warum gibt es so viel Ungerechtigkeit? Woher kommt das Böse? Wie weit reicht meine Freiheit, oder gibt es Vorherbestimmung?

Menschen suchen vielfach nicht nach fertigen Lösungen, sondern nach einem Ort und nach einem Gegenüber, bei dem Fragen, Zweifel, Sehnsucht und Suche angenommen sind, ohne sogleich von einem Kompaktangebot von Antworten überschüttet zu werden. Denn Bücher mit Lebensregeln gibt es viele. Ratgeber und Kurzkommentare mit klugen Antworten zu Fragen des Glaubens und der Kirchen sind reichlich vorhanden. Dieses Buch möchte weniger Antworten geben als vielmehr Fragen aufnehmen, die suchende Menschen stellen. Es sind Fragen nach dem Lebenssinn, nach Orientierung, nach Glaubwürdigkeit und

Gerechtigkeit, nach dem, was bleibt, wenn der Tod in das Leben einbricht, und nicht zuletzt Fragen nach Gott.

Wer um Gott und den Glauben ringt, hält für möglich, was sich jeglicher Berechnung entzieht: Respekt, Wohlwollen, Anerkennung, Liebe, Sinn. Wer gläubig lebt, geht das Risiko ein, sich zu täuschen und enttäuscht zu werden – von Gott und den Menschen. Vermutlich hat er immer mehr Fragen als Antworten. Erwachsene können »kinderschwere Fragen« (J. B. Metz) stellen.

So wuchs dieses Buch heran. Ich begegne Frauen wie Männern aus unterschiedlichen Ländern, in verschiedensten Berufen, jüngeren und älteren; sie alle verbindet die Suche nach einem geglückten Leben mit Gott. Sie fragen verbindlich und klar. In München treffen sie in der Innenstadt auf das Angebot der »Katholischen Glaubensorientierung«, einer Kooperation zwischen der Erzdiözese München und Freising und dem Jesuitenorden. Die »Glaubensorientierung« ist fester Bestandteil des »Ignatianischen Zentrums St. Michael«, zu dem die Jesuitenkirche, die ignatianisch geprägte »Gemeinschaft Christlichen Lebens« (GCL), die Kirchenmusik und das »Forum der Jesuiten« gehören.

So individuell die Lebenslagen der Menschen sind, die Fragen betreffen viele. In der Schilderung von Situationen und in Zitaten halte ich mich an den Wortlaut; Namen und Personen veränderte ich allerdings, um die Diskretion zu wahren.

Ich versuche, so lebendig, direkt und unmittelbar wie möglich die Menschen zu Wort kommen zu lassen. Ihnen danke ich von Herzen für spannende Begegnungen und für die Offenheit, mit der sie auf mich zukommen und ihre Lebensfragen stellen. Es klingt abgegriffen, wenn ich sage, dass ich durch diese Frauen und Männer »reich beschenkt« bin – aber so ist es, und ein besseres Wort fällt mir nicht ein. Sie bereichern mein Leben, weiten theologische Horizonte und locken mich zu neuem Denken, Hören und Sehen heraus. Die Lebensschicksale bewegen mich oft sehr. Wie gern hätte ich schnell eine Lösung und eine hilfreiche Antwort parat! Doch hieße dies, die Einzelnen in ihrem Leid, ihrer Not und ihrer Ausgesetztheit nicht ernst zu nehmen. Mit der Offenheit einer Frage leben zu müssen braucht langen Atem, Geduld und Hartnäckigkeit. Die Hoffnung nicht preiszugeben erfordert Mut, Unterstützung und Glauben. Und schon finde ich mich mittendrin in den sich daraus ergebenden Fragen.

Das Buch möchte den Vielen, die ungehört bleiben, eine Stimme leihen; es möchte dazu anregen, selbst weiter zu fragen und weiter zu suchen. Möglicherweise haben Christen viele Antworten parat und vergessen darüber, wie viel lebendiges Potential ungefragt brach liegt und weiterreicht als die gefundenen Antworten. In den Menschen, die glauben, aber möglicherweise ihrem Glauben noch nicht vertrauen, möchte ich den Mut wecken zu fragen. Fragen ist kein Selbstzweck, sondern eine Weise, das eigene Denken, das Nachforschen und Nachsinnen, den eigenen Glauben ernst zu nehmen. Die »Gretchenfrage« nach der Religion stellt sich möglicherweise neu: »Sag, wie hältst du's mit dem Fragen?«

1. Ein Buch voller Fragen

Die Heilige Schrift, die Bibel, steckt voller Fragen. Wer sich auf dieses Buch der Bücher einlässt, wird es nicht mehr los. Es gibt wunderbare Erzählungen darüber, wie Gott nach dem Menschen fragt, ihn sucht, findet und wieder verliert, und es gibt aufregende Geschichten, wie Menschen nach Gott fragen. Gleich in den Anfangskapiteln der Bibel fragt Gott Adam – der Name bedeutet »Erdling«: »Wo bist du?« (Gen 3,9). »Wer hat dir gesagt, dass du nackt bist?« (Gen 3,11). Wenig später hat Gott schon wieder eine Frage, diesmal an Kain, nachdem dieser seinen Bruder ermordet hat: »Wo ist dein Bruder Abel? Was hast du getan?« (Gen 4,9.10). Gott, der fragt, ist zugleich der, der nach dem Menschen sucht. »Die Bibel spricht nicht nur von der Suche des Menschen nach Gott, sondern auch von Gottes Suche nach dem Menschen.«[2]
Gott fragt, und er wird gefragt: Im zweiten Buch der Bibel fragt Mose Gott nach seinem Namen: »Da sagte Mose zu Gott: Gut, ich werde also zu den Israeliten kommen und ihnen sagen: Der Gott eurer Väter hat mich zu euch gesandt. Da werden sie mich fragen: Wie heißt er? Was soll ich ihnen darauf sagen?« (Ex 3,13). Gott antwortet: »Ich bin, der ich bin« (Ex 3,14, Einheitsübersetzung). Martin Buber und Franz Rosenzweig übersetzen diese Stelle mit: »Ich werde da sein, als der ich da sein werde. Und er sprach: Du sollst zu den Söhnen Jisraels sprechen: ICH BIN DA schickt mich zu euch« (Ex 3,14). Zwei Fragen stellen sich: Was bedeutet diese Antwort? Und: Wird ER, Gott, da sein, ist ER da, wenn wir ihn bitten, ihn anrufen?[3]

Mit dieser Frage ringt Ijob und schreit seinem Gott entgegen: »Warum ließest du mich aus dem Mutterschoß kommen, / warum verschied ich nicht, ehe mich ein Auge sah?« (Ijob 10,18). »Wo ist dann meine Hoffnung / und wo mein Glück?« (Ijob 17,15). »Warum verbirgst du dein Angesicht und siehst mich als einen Feind?« (Ijob 13,24). Und Gott antwortet fragend auf Ijob: »Wo warst du, als ich die Erde gegründet? Sag es denn, wenn du Bescheid weißt« (Ijob 38,4). »Bist du zu den Quellen des Meeres gekommen, hast du des Urgrunds Tiefe durchwandert? Haben dir sich die Tore des Todes geöffnet, hast du der Finsternis Tore geschaut?« (Ijob 38,16.17). Und weiter spricht Gott zu Ijob: »Auf, gürte deine Lenden wie ein Mann! Ich will dich fragen, du belehre mich! Willst du wirklich mein Recht zerbrechen, mich schuldig sprechen, damit du recht behältst? Hast du denn einen Arm wie Gott, dröhnst du wie er mit Donnerstimme?« (Ijob 40,7–9). Einfache Antworten hält das Buch Ijob nicht bereit.

Im Neuen Testament hört das Fragen nicht auf: Der junge Jesus, im Tempel, »saß mitten unter den Lehrern, hörte ihnen zu und stellte Fragen« (Lk 2,46b). Der erwachsene Jesus disputiert mit Gelehrten und reagiert auf Fragen vielfach mit Gegenfragen. Ehe er selbst Auskunft gibt, fragt er. Er fragt Menschen, die ihn aufsuchen, und er fragt danach, was Menschen fehlt, was sie suchen und was sie brauchen. In einer Situation wird Jesus mit der Frage konfrontiert: »Guter Meister, was muss ich tun, um das ewige Leben zu gewinnen?« (Mk 10,17). Jesu Antwort ist eine Gegenfrage: »Was nennst du mich gut? Niemand ist gut außer Gott, dem Einen. Du kennst doch die Gebote: Du sollst nicht töten, du sollst nicht die Ehe brechen, du sollst nicht stehlen ... Er erwiderte ihm: Meister, alle diese Gebote habe ich von Jugend an befolgt. Da sah ihn Jesus an und weil er ihn liebte, sagte er: Eines fehlt dir noch: Geh, verkaufe, was du hast, gib das Geld den Armen und du wirst einen bleibenden Schatz im Himmel haben; dann komm und folge mir nach! Der Mann aber war betrübt, als er das hörte, und ging traurig weg; denn er hatte ein großes Vermögen. Da sah Jesus seine Jünger an und sagte zu ihnen: Wie schwer ist es für Menschen, die viel besitzen, in das Reich Gottes zu kommen!« (Mk 10,17–23). Jesus sieht, er interessiert sich – und fragt. Die, die mit ihm unterwegs sind, die ihm nachgehen, fragt er nach ihrer Meinung: »Für wen halten mich die Menschen?« (Mk 8,28). Und kaum dass sie ihm Antwort geben, fragt er weiter: »Ihr aber, für wen haltet ihr mich?« (Mt 16,13–15). Der Evangelist Johannes beendet sein Buch mit der dreifachen Frage Jesu an Petrus: »Liebst du mich?« (Joh 21,13).

2. Suchende Menschen

Gibt es Menschen, die keine religiösen Erfahrungen machen? Ich bezweifle das. Niemand sucht theoretisch nach einer Antwort. Alle bringen ihre Geschichte, ihre persönlichen Erlebnisse mit ein, alles Gelungene, aber auch alles Scheitern, alle Schuld und alles Glück. Jede Frage und jede Suche bekommt ein Gesicht, hat Hand und Fuß und Herz.

Manfred, 43, ist Jurist und getauft, hat aber den Glauben nie praktiziert. Er arbeitet viel und erfolgreich. Die Beziehung zu seiner Frau ist seit Jahren schwierig. Vor sechs Monaten hatte er nach einem Autounfall eine längere Arbeitspause. Er hat viel Zeit zum Lesen und Nachdenken. Er möchte sich neu orientieren und sucht einen Ort, wo er seine Fragen stellen kann.

Mirjam, eine Medizinstudentin aus München, möchte sich voraussichtlich taufen lassen. Ihre Eltern haben ihr die Entscheidung für oder gegen das Christentum freigestellt. Mirjams Großmutter ist bekennende Katholikin und hat mit der Enkelin früher gebetet, ihr Glaubensgeschichten erzählt und sie mit in die Kirche genommen. Jetzt ist Mirjam erwachsen und möchte Christin werden. Sie hat Fragen an die Kirche, vieles versteht sie nicht.

Shalla, eine junge Muslima aus dem Iran, von Beruf Chemikerin, möchte Christin werden. Sie hat den Zugang zum Islam verloren und sucht einen Glauben, der sie trägt. Ihre muslimische Familie weiß noch nichts von ihrer Entscheidung.

Oliver, 30, ist arbeitslos und ohne Religion aufgewachsen. Nach dem Studium der Betriebswirtschaft und einem exzellenten Examen bekam er eine Stelle in einer internationalen Firma. Nach drei Jahren wurde er »betriebsbedingt« gekündigt. Seither hat er viele Neubewerbungen abgeschickt, leider erfolglos. Langsam wird das Geld knapp. Oliver möchte seine Zeit nicht sinnlos verstreichen lassen und ist auf der Suche nach dem roten Faden in seinem Leben. Ob er Christ werden will, weiß er noch nicht, aber kennenlernen möchte er das Christentum auf jeden Fall. Er beginnt mit der katholischen Kirche.

Stefan, 34, ist engagierter Erzieher, ungetauft. Sein Zeitvertrag in einem katholischen Kinderheim läuft in den nächsten Monaten aus. Man signalisierte ihm, dass man ihn gern übernehmen wolle. Für einen neuen Arbeitsvertrag benötigt er allerdings den Nachweis der Taufe. Stefan möchte gern dort weiterarbeiten. Klar ist für ihn, dass er sich nur taufen lässt, wenn es »innerlich stimmt«. Das möchte er nun herausfinden.

Björn, Ende vierzig, Philosoph, möchte Christ werden. Bei aller kritischen Reflexion hat er erfahren, dass sein Glaube an Jesus Christus die Gestalt und Formung einer Gemeinschaft braucht. Für ihn ist es die katholische Kirche. Freunde und Bekannte verstehen seinen Weg nicht. Intellektualität und Katholizismus, Weltoffenheit und katholische Frömmigkeit können nach ihren Erfahrungen nicht zusammengehen.

Lale, verheiratet, zwei Kinder, ist türkischer Herkunft und Muslima. Sie ist in Deutschland geboren, hat einen Katholiken geheiratet und entscheidet sich nach zwölf Ehejahren dazu, Christin zu werden und der katholischen Kirche beizutreten. Ihr Mann, der der Kirche wohlwollend, aber distanziert gegenübersteht, hat sie keinesfalls dazu gedrängt. Für Lale ist es eine bewusste Entscheidung, die nach jahrelanger Auseinandersetzung gereift ist. Ihre Eltern und Geschwister reagieren sehr unterschiedlich. Sie erfährt Akzeptanz, aber auch Ablehnung. Für die Angehörigen ist ihr Weg schwer nachzuvollziehen. Letztlich überwiegt in ihrer Familie die Überzeugung, dass das Verbindende stärker ist als das Trennende.

Es gibt auch »Kirchenverletzte«, verwundete Menschen, die schmerzliche Erfahrungen innerhalb der Kirchen gemacht haben. Sie erlebten Gleichgültigkeit, Hartherzigkeit oder unterschiedliche Weisen der Instrumentalisierung, auch sexuelle Gewalt. Diese Erfahrungen haben tiefe Wunden geschlagen. Manche traten daraufhin aus der Kirche aus, andere sind geblieben, aber zynisch geworden. Wo einiges verheilt ist, sind Narben geblieben.

Annette, 52 Jahre alt, geschieden und wiederverheiratet, kehrte vor zwölf Jahren aus Wut und Enttäuschung der Kirche den Rücken und trat aus. Die Alkoholkrankheit ihres ersten Mannes drohte, die Ehe zu zerstören. Sie suchte Beratungsstellen auf, doch ihr damaliger Mann wollte keine Hilfe annehmen. In der Gemeinde schien das niemanden zu interessieren. Als sie ihr ehrenamtliches Engagement aufgab und die Firmvorbereitung nicht mehr übernahm, fand sie keine Unterstützung. Ihr zweiter Ehemann ist gläubiger Katholik. Der Glaube an Gott, die Gottesdienste und das gemeinsame soziale Engagement bedeuten beiden viel. Annette möchte wieder in die Kirche eintreten und ganz dazugehören. Sie möchte sich gerne wieder ehrenamtlich in ihrer Gemeinde engagieren.

Klaus, 42, Lehrer und freischaffender Künstler, trat mit 18 Jahren aus der katholischen Kirche aus. Seit einigen Jahren lebt er mit seinem Partner zusammen. Die Haltung der katholischen Kirche zur Homosexualität ist für ihn nicht nachvollziehbar, er fühlt sich abgewertet und in seiner Würde als Mann missachtet. Er ist gläubig, geht seit Jahren den kontemplativen Gebetsweg und sucht nun einen Ort, an dem er seine Fragen stellen kann.

»Der Fromme von morgen wird ein Mystiker sein, einer, der etwas erfahren hat, oder er wird nicht sein.«[4] Wie können wir Gott erfahren, und wie finden wir heraus, dass wir nicht nur Eigenes projizieren? Nicht nur Menschen, die einen neuen Zugang zur Kirche suchen, stellen diese Fragen.

Viele sind blockiert durch die Vorstellung, dass religiöse Erfahrung mit einem innerlichen Erleuchtungserlebnis einhergehen muss. Wenn sich keine »Erleuchtung« ereignet, dann sei man eben nicht angesprochen, nicht gemeint. Ich glaube, dass solche Vorstellungen, wo immer sie herkommen mögen, einen spirituellen Leistungsdruck erzeugen, der einer wirklichen Gottesbegegnung im Weg steht. Die jüdisch-christliche Tradition will nicht »Erleuchtung garantieren«, sondern Leben eröffnen.

»Darum sollst du den Herrn, deinen Gott, lieben mit ganzem Herzen und ganzer Seele, mit all deinen Gedanken und all deiner Kraft« (Mk 12,30; Jesus zitiert aus dem Ersten Testament: Dtn 6,14). Genau so sollen Christinnen und Christen beten, und darum heißt Beten nie nur, sich zu versenken, sondern sich zu öffnen für Gottes Gegenwart in allen Begegnungen. Jede Beziehung, das heißt auch jede Gebetsbeziehung, lebt von der Hingabe und der Leidenschaft für den anderen und von der Treue zum anderen.

Jüdisch-christliche Mystik ist Begegnungs- oder Beziehungsmystik.[5] Die Beziehung zu Gott und zu Jesus Christus als Gegenüber, die Beziehung zu mir selbst, die

Beziehung zu anderen Menschen, zur Welt und zur Umwelt.[6] Christliche Mystik zeigt sich in einer grundlegenden Offenheit für Gott und für die Welt und bewährt sich in einer universalen Solidarität mit Lebenden und Toten. »Gibt es eine andere Gestalt nicht verzweifelnder Treue zu den Toten, als für sie zu beten, das heißt in ihrem Namen Gott anzurufen?«[7]

Vielleicht kann man sagen, dass ein Mystiker genauer hinschaut, genauer hinhört und genauer zu verstehen versucht, was Leben fördert und was es hindert oder zerstört. Ignatius von Loyola (1491–1556) war ein solcher Mystiker, ein erfahrener, kommunikativer, weltoffener Mensch. Er war zutiefst davon überzeugt, dass Gott sich in dem, was man erlebt und erfährt, entdecken lassen will und dass es sich lohnt, ihn zu suchen: in Schmerz und in Trauer, im Erfolg und im Scheitern, in der Sehnsucht nach Glück und in den Enttäuschungen des Alltags.[8] »Der einzelne Mensch hat es höchst persönlich und unmittelbar mit dem lebendigen Gott als solchem zu tun. Das heißt, er lebt und handelt und fühlt sich getrieben vom wirklichen Pneuma (Heiligen Geist, Anm. der Autorin) Gottes.«[9]

Ignatianische Mystik ist nicht elitär, sondern sie umschreibt eine ursprüngliche christliche Glaubenserfahrung.[10] Ignatius von Loyola ist Realist, ein nüchtern gläubiger Christ mit einem großen Gespür für Projektionen und fromme Versuchungen. Darum werden nicht Nischen frommer Sonderwelten aufgesucht, sondern konkret im Alltag muss sich bewähren, dass die Liebe mehr in die Werke als in die Worte zu legen ist. Jede Stunde, jedes Ereignis kann zum Schauplatz der Gottesbegegnung werden. In den Exerzitien empfiehlt Ignatius, sich immer wieder auf das Leben Jesu einzulassen und Aug' in Aug' mit Christus, dem Gekreuzigten zu reden, so wie ein Freund mit seinem Freund redet.

In der Betrachtung zur Erlangung der Liebe schreibt er: »Die Liebe besteht in der Mitteilung von beiden Seiten; das heißt, dass der Liebende dem Geliebten gibt und mitteilt, was er hat, oder von dem, was er hat und kann, und als Erwiderung ebenso der Geliebte dem Liebenden; hat er also Wissen oder Ehren oder Reichtümer, so teilt er sich dem mit, der sie nicht besitzt, und so auch der andere dem einen« (EB 231). Das Wagnis des Betens auf sich zu nehmen und dabei dem unverfügbar freien Gott zu begegnen bleibt keinem erspart, der Gott sucht. Beten heißt auch: sich dem nagenden Zweifel stellen und sich der bisweilen existentiellen Not des Nicht-Beten-Könnens aussetzen. Dazu gehört, seelische Dürre und Einsamkeit auszuhalten, die mit der Not und dem Segen des Gebets verbunden sind. Johannes vom Kreuz (1542–1591) hat dafür das starke Bild von der »dunklen Nacht« geprägt. Christinnen und Christen glauben an Gott, der auf uns Menschen setzt, mit all unserer Liebenswürdigkeit, mit all unserer Ungeheuerlichkeit. Gott »ist zuvorgekommen, er hat begonnen: Gott hat auf uns gehofft – soll es denn heißen, wir hofften jedoch nicht auf ihn?«[11]

3. Gotteserfahrungen

Katharina, 28, eine erfolgreiche Designerin in München, ist ohne Religion aufgewachsen. Vor vier Jahren erlebte sie Sterben und Tod des krebskranken Vaters. Selbst nicht gläubig, suchte dieser in seiner letzten Krankheitsphase intensiv nach Glauben, fand aber nichts. Für Katharina ist seither klar, dass sie früher mit dem Suchen beginnen möchte. »Ich suche und hoffe, dass ich Gott finden werde.« Wie viele andere sucht Katharina nach einem tragenden Grund in ihrem Leben, nach Halt, Orientierung und Lebenssinn.

»Mit mir spricht er nicht«, sagt Maria mit resigniertem Unterton. »Mag ja sein, dass Gott sich mitteilt und dass Menschen ihn erfahren, aber bei mir ist das anders. Ich bin keine Heilige, kein besonders frommer Mensch, mit mir spricht er nicht! Er ist einfach stumm. Vielleicht spricht er ja nur zu besonderen Menschen, mit mir nicht.« Seit Jahren setzt sich Maria intensiv mit Gott auseinander. Sie hat Verschiedenes ausprobiert, von theologischen Workshops bis hin zu spirituellen Kursen, »doch das alles hat nichts genutzt. Ich weiß nicht mehr, was ich tun soll … Gott zeigt sich nicht, aber ich vermisse ihn.« Maria fragte sich lange, ob sie etwas falsch macht, ob sie möglicherweise tiefe, ungeahnte Schuld trägt, die sie erst aufarbeiten muss … »Aber vielleicht ist ja alles ganz anders und ich habe nur die falsche Vorstellung von Gott.«

Die Frage, wie Gott erfahren werden kann, berührt die Intimität des Glaubens. Angemessene Worte zu finden ist schwierig. Was heißt »Gott erfahren«? Was heißt »Beten«: Ist es ein Reden, Schweigen, Warten, Suchen?

»Wir gehen, wir müssen suchen. Aber das Letzte und Eigentliche kommt uns entgegen, sucht uns, freilich nur, wenn wir gehen, wenn wir entgegengehen. Und wenn wir gefunden haben werden, weil wir gefunden wurden, werden wir erfahren, dass unser Entgegengehen selbst schon getragen war (Gnade nennt man dieses Getragensein) von der Kraft der Bewegung, die auf uns zukommt, von der Bewegung Gottes zu uns.«[12] Gotteserfahrungen, so könnte man mit Rahner zu sagen versuchen, haben damit zu tun, dass etwas, schließlich Gott selbst, auf uns zukommt. Und Beten hieße dann – ganz allgemein formuliert –, sich einem Raum zu öffnen, wo nicht »ich« rede, sondern »Gott«, wie verschlüsselt auch immer.

Wie lernen Menschen heute Gott kennen? Durch andere Menschen? Durch das Lesen heiliger Schriften? Durch Bilder?[13] Im eigenen Innern, als ungeahnte Kraft? Und: Kann man mit Gott reden? Bei dieser Frage taucht vielfach berechtigte Skepsis auf. Was bedeutet es für den modernen und aufgeklärten Menschen, mit Gott zu reden? Und wenn ich rede, kann Gott mich hören? Und wenn Gott hört, reagiert er auf mich, interessiert er sich für mich? Es ist zu früh und zu allgemein gesprochen, wenn in solchen Momenten mit »Gott liebt alle Menschen und jeder ist für ihn einzigartig und kostbar« geantwortet wird. Selbst wenn es stimmt: Ist das eine Antwort?

Wie lernt ein Mensch den »Immanuel«, den »Gott mit uns«, kennen? Wie lernt ein Mensch, Gott zu vertrauen und auf ihn zu hoffen? Die Bibel und die Tradition sagen zum Vertrauen »Glauben« (griech. *pistis*). Im Alltag wird »glauben« üblicherweise im Sinne von »vermuten« gebraucht und als Kontrastbegriff für »Wissen« eingesetzt. Im jüdisch-christlichen Verständnis beinhaltet »Glauben« jedoch, dass man diesen nicht machen kann, sondern dass er ein Geschenk ist, so wie das Vertrauen letztlich ein Geschenk ist, das niemand sich verdienen kann. Dieses Geschenk nennt die Tradition Gnade (griech. *charis*) und Gnadengabe (griech. *charisma*). Paulus erläutert die Gnadengaben so: »Jedem aber wird die Offenbarung des Geistes geschenkt, damit sie anderen nützt. Dem einen wird vom Geist die Gabe geschenkt, Weisheit mitzuteilen, dem anderen durch den gleichen Geist die Gabe, Erkenntnis zu vermitteln, dem dritten im gleichen Geist Glaubenskraft, einem andern aber – immer in dem einen Geist – die Gabe, Krankheiten zu heilen, einem andern Wunderkräfte, einem andern prophetisches Reden, einem andern die Fähigkeit, die Geister zu unterscheiden ...« (1 Kor 12,7–10a). Die Auswirkungen der Charismen sind deutlich erkennbar. Auch dafür gibt Paulus Hinweise: »Die Frucht des Geistes ist Liebe, Freude, Friede, Langmut, Freundlichkeit, Güte, Treue, Sanftmut und Selbstbeherrschung« (vgl. Gal 5,22). Beachtenswert ist die Rangfolge, die Paulus den Gnadengaben gibt: »Für jetzt bleiben Glaube, Hoffnung, Liebe, diese drei; doch am größten unter ihnen ist die Liebe« (1 Kor 13,13). Diese drei göttlichen Tugenden oder Haltungen kann man nicht »machen«, sowenig wie man Sinn produzieren kann. Wohl aber können Menschen für ihre Überzeugungen einstehen und sich zu ihnen so verhalten, dass deutlich wird, worauf sie hoffen und an wen sie glauben.

Dass Gott sich liebend um jeden Menschen sorgt ist keine kleine, sondern eine große Herausforderung des Lebens: »Es ist die große Tat unseres Lebens: uns selbst anzunehmen als ein unverstandenes, erst langsam sich enthüllendes Geschenk der ewigen Güte Gottes ... Wir sind, ob jung oder alt, eigentlich immer die zu spät

22

Kommenden. Und immer noch ist Gott bereit, uns alles zu schenken, wenn wir es nur annehmen: uns und sich selbst und damit die Unendlichkeit.«[14] Und wie lernt man das Annehmen ohne Gegenleistung, ohne die Möglichkeit, das Geschenk ausgleichen zu können? Wir leben vielfach nach ökonomischen Prinzipien wie: Leistung muss sich lohnen, Vertrauen muss man »verdienen«, sonst gilt es nicht oder könnte peinlich werden. Wer etwas bekommt, muss sich fragen, ob er »dies wirklich verdient hat«, schließlich »bekommt man im Leben nichts geschenkt«. Solche Sätze sind ungeistlich und unmenschlich. Wer glauben lernen will, muss annehmen lernen und warten können.

Vielleicht klingt es banal: Warten ist oft ein schmerzlich langer Prozess. Die Psalmbeter wissen darum: »Wie lange noch, Herr? Verbirgst du dich ewig?« (Ps 89,47). Was uns bleibt: ausharren und die Hoffnung wach halten, dass die Erfahrung des Wartens nicht leer bleibt, dass Gottesnähe geschenkt wird. »Nicht sich loswerden, sondern sich aushalten vor Gott – das wäre Gebet. Nicht eine Scheinwirklichkeit herbeizaubern mit großem Aufwand und das Außergewöhnliche suchen, sondern mitten im Leben rufen, flehen, warten, weinen, jubeln, loben – so macht es uns das Alte Testament vor … In allem Gott suchen, aber ohne ihn dauernd zu drängen, er solle sich doch endlich zeigen und reden!«[15] Gott zeigt sich oft als unbegrifflich und unbegreifbar.

»Dein Angesicht, Herr, will ich suchen, verbirg nicht dein Gesicht vor mir« (Ps 27,8f.). So beten es die Psalmbeter seit Jahrtausenden und bis heute. Heute wie damals suchen wir ihn.[16] Seine Gegenwart, seine heilende Nähe wird erfleht, erbeten, erhofft. »Gott, du mein Gott, dich suche ich, meine Seele dürstet nach dir.« Gott wird nicht einfach »gefunden« und gehört dann zu uns. Mit dem Suchen nach Gott beginnt eine vitale Beziehung zwischen Finden und Verlieren, zwischen Verstehen und Nichtverstehen.

Bei dem Geheimnis, dass Gott ist, verstummen die biblischen Zeugnisse nicht einfachhin, sondern sie versuchen, sich ihm zu nähern und die Grenzen zum »nicht mehr Sagbaren« zu markieren. »Das Wort bis ans Tor der Sprache gebracht: ob es sich ihm öffnet?«[17] Menschen suchen Gott, sie bitten ihn, sie erflehen seine Gegenwart. Und immer wieder geht es um das Hören, das Hören auf Gott. Hören hat aber nur Sinn, wenn miteinander gesprochen und gesungen wird. Das meint *communio* – Gemeinschaft. Wir müssen von Gott reden, auch »falsche« Worte riskieren, wir müssen reden, damit wir besser verstehen. Der Gott Abrahams, Isaaks und Jakobs, der Gott Jesu ist ein Gott, der sich in der Geschichte der Menschen mitteilt.

Die Lebenswelt der Heiligen Schrift und die Biographien der Heiligen können uns inspirieren und einweisen in die große Schule der Beterinnen und Beter. Möglicherweise liegt das Besondere der ignatianischen Lebensweise, die immer auch eine Gebetsweise ist, darin, dass sie in die Schule der Freundschaft mit Gott einführen und sie fördern will. Eine Assoziation zu den alten Don-Camillo-Filmen drängt sich mir auf: In vielen Szenen spricht der Dorfpfarrer Don Camillo mit Christus am Kreuz. Immer wieder hört er eine Stimme in seinem Innern, identifiziert sie als Stimme Gottes, schaut zum Kreuz, und es entwickelt sich ein Dialog. Bilder, sei es in der Malerei oder wie hier im Film, können das Staunen lehren. »Bilder, die uns Beten lehren, erzeugen eine produktive Unruhe in unserem Herzen, eine Unruhe in der Spannung von *actio* und *contemplatio*, von Annehmen und Empfangen, Geschehenlassen und aktivem Einsatz für Gerechtigkeit, Frieden, Bewahrung der Schöpfung.«[18] Es ist eine Beziehung der Zuneigung, der Gegenseitigkeit, der Offenheit, auch des Respekts, der ehrfürchtigen Scheu – vielleicht drückt sich eine heilige Naivität darin aus, so unmittelbar und unverstellt mit Jesus zu reden. Philipp Neri (1515–1595), ein Zeitgenosse des Ignatius, gehörte zu diesen Heiligen Gottes.

Gebet will, wie jedes Geschehen der Liebe, den anderen um seiner selbst willen, absichtslos. Ob sich hinter mancher Abwehr einer Beziehung zu Gott auch Furcht verbirgt? Die Furcht, dass Gott zu nahe ist? Könnte es nicht sein, dass mit dem Gebet ein offener Dialog beginnt, dessen Verlauf ungewiss ist, dass manche Menschen sich vor dieser Ungewissheit fürchten und lieber einen Gott wünschen, der fern bleibt? »Alles wirkliche Leben ist Begegnung« (Martin Buber, 1878–1965). Begegnung ist mehr als nur Reden; Begegnung geschieht, wo es Offenheit gibt für neue Erfahrungsräume. In der Aufmerksamkeit für das Hier und Jetzt erleben wir plötzlich, wie die Dinge und Begegnungen sich äußern. »Schläft ein Lied in allen Dingen, / die da träumen fort und fort, / und die Welt fängt an zu singen, / triffst du nur das Zauberwort« (Josef Eichendorff). Wenn die Dinge singen sollen, wenn Gespräche und Erfahrungen, bis hin zu den alltäglichen Banalitäten, in Kommunikation mit mir treten und so bei mir ankommen sollen, dass ich darauf antworten kann, dann setzt das eine Haltung voraus, die Ignatius immer und immer wieder einüben lässt: Offenheit und Aufmerksamkeit und damit alles, was Neugier, Interesse und Respekt vor der Welt und vor den Menschen fördert, alles, was Mut macht, über mich hinauszuschauen, alles, was dazu führt, dass ich mich selbst und die anderen ernst nehme. Gott kommuniziert und sucht kommunikative Menschen. Diese Kommunikation braucht Stille, um besser zu hören, zu reden und zu handeln. »Wir müssen lernen, lange zu schweigen, um einmal reden zu können. Wir müssen viele Lasten tragen, damit wir die Kraft haben, ein einziges Mal in Freiheit zu handeln.«[19]

4. Von Geburt an gläubig?

Tanja, 28, aus Halle, möchte Christin werden. Aufgewachsen in einem atheistischen Haus, hat sie in ihrer Jugend nichts über Glauben und Kirche erfahren. Tanja kennt ihren leiblichen Vater nicht, kurz nach ihrer Geburt ist er ausgezogen, und es gibt keinen Kontakt zu ihm. Ihre Mutter ist zum dritten Mal verheiratet, mit dem Bruder aus zweiter Ehe versteht sie sich nicht. Im Urlaub hat sie ihren jetzigen Freund, Iwan aus Kroatien, kennengelernt. Iwan ist Christ, Katholik. Tanja möchte mehr über das christliche Leben erfahren und sich taufen lassen.

Was Menschen, die keiner christlichen Konfession angehören, erzählen, was sie beim Besuch eines Gottesdienstes erleben, ist aufschlussreich. »Alle wissen Bescheid, nur ich nicht.« Kevin, konfessionslos, erzählt von einem Gottesdienst, den er besucht hat: »Alles ist ganz geordnet. Es gibt feste Rituale und Absprachen, und alle scheinen sie zu kennen, wie bei einer internen Veranstaltung. Der einzige Unterschied: Man muss keine Clubkarte vorzeigen und keinen Eintritt zahlen.« Viele befürchten, dass man ihnen ansieht, dass sie nicht dazugehören. Christen wirken in den Gottesdiensten offenbar sehr gesammelt und ernst. Sie stehen, knien, antworten und singen. »Manchmal versteht man etwas von den Worten, die vorne von den Männern in den langen Gewändern gesprochen werden«, sagt Kim, ein junger Koreaner. »Es werden Texte aus großen Büchern vorgelesen, manchmal sind sie spannend. Kaum jemand lächelt, nur irgendwann bekommt man einen Händedruck. Dann wird irgendetwas miteinander geredet und dann ist wieder alles wie vorher. Gegen Ende gehen alle nach vorne und essen, offenbar ein kleines Stück Brot. Dann wird wieder gesungen. Es sind alte europäische Lieder mit alten Melodien.«

Eine junge Frau, Hebamme, möchte Christin werden und erzählt Folgendes: »Ja, ich war schon öfter in der Kirche. Ich finde Kirchen in der Regel sehr schön. Die meisten gefallen mir, weil man da einfach zur Ruhe kommt. Dann setze ich mich hin und genieße es, dass ich nicht ans Telefon gehen und reden muss. Manchmal entzünde ich eine Kerze. Das darf man doch, auch wenn man nicht dazugehört, oder? Gottesdienste habe ich auch schon mehrfach besucht. Ein paar Straßen von meiner Wohnung entfernt steht eine Kirche. Samstagabends gehe ich schon mal in den Gottesdienst. Vieles verstehe ich nicht, das hat mich zu Anfang sehr gestört. Heute gehe ich damit gelassener um und hoffe, dass ich nach und nach mehr verstehe. Ich bin oft die einzige, die jung ist. Die meisten Besucherinnen sind ältere Damen, so etwa im Alter meiner Oma. Manchmal finde ich das komisch. Wo gehen denn die Jüngeren hin? Oder gehen die gar nicht mehr zur Kirche? Einmal hat der Priester alle zu einer Gemeindefeier eingeladen. Alle sollten kommen. Ich bin dann auch hingegangen. Bei der Feier waren auch einige Jüngere dabei. Aber es war schon merkwürdig. Offenbar kannten sich alle untereinander. Es gab zu essen und zu trinken, aber ich stand da ziemlich alleine herum. Mit mir hat keiner gesprochen. Dann bin ich wieder gegangen. Die meisten sind ja auch von Geburt an Christen und kennen sich seit vielen Jahren. Irgendwie bin ich wohl auch zu spät dran. Aber zu solchen Feiern gehe ich nicht mehr hin, die sind nur für Insider.«

Diese junge Frau ist seit zwei Jahren überzeugte Christin und lebt heute in Berlin. Was sie erzählt, höre ich so oder ähnlich immer wieder. Da frage ich mich, ob Christinnen und Christen in den Gemeinden und Gemeinschaften nicht eine Clubatmosphäre verbreiten, mit wenig Gespür und Offenheit für neue Mitglieder. Viele sind so sehr mit sich selbst beschäftigt, dass der Blick für die anderen, die Fremden, die Suchenden und Neugierigen verloren geht.

»Wer mit Kirche zum ersten Mal in Berührung kommt, sollte damit rechnen dürfen, willkommen zu sein.«[20] Nicht wenige junge oder auch ältere Menschen ziehen sich nach vergeblichen Versuchen der Annäherung schnell wieder zurück, noch ehe sie Gelegenheit hatten, ihre Perspektiven und Fragen einzubringen.

Erwachsene, die einen Zugang zur Kirche suchen, haben oft den Eindruck, als wären die anderen, die Kirchgänger, »von Geburt an« Christen, weil »alles so selbstverständlich und klar wirkt«. Unabhängig von Herkunft und Ausbildung formulieren Frauen und Männer ihre Ängste und Irritationen, die sie in gottesdienstlichen Feiern empfinden. Vielleicht machen sich die »alteingesessenen« Christen zu wenig klar, wie ungewohnt eine eucharistische Liturgie auf Menschen wirkt, die damit nicht aufgewachsen sind. Es hat Sinn, liturgische Feiern anzubieten, die Menschen nachvollziehen können, die nicht mit der Kirche aufgewachsen sind. Das Interesse, zur Ruhe zu kommen, zu beten und dabei Gottes Segen zu spüren, ist sehr lebendig. Die Tradition der Kirche hält dafür unterschiedliche gottesdienstliche Formen bereit, die in Vergessenheit geraten sind: Stundengebet, Tagzeitenliturgie, verschiedene Andachtsformen, in neuerer Zeit liturgische Nächte und verschiedene Segensfeiern. Eucharistiefeiern sind von ihrem Ursprung her schlicht und zugleich anspruchs-

29

voll, sie benötigen allerdings ein Vorverständnis, das nicht selbstverständlich ist.

Für neu Hinzukommende folgen die Antworten der Gemeinde und das Sitzen, Stehen und Knien einer unbekannten Regie. Mit großem Interesse möchten sie verstehen, warum die Liturgie so und nicht anders gefeiert wird. Sie sind vielfach angerührt und innerlich bewegt von den Riten und Gesten, den Worten der Schrift und mancher Auslegung. Am Ende eines Gottesdienstes jedoch haben sie mehr Fragen als zuvor. Und was die Sprache unserer Gottesdienste anbetrifft, so sind die Worte keineswegs aus sich heraus verständlich: Herrlichkeit, ewiges Leben, Gnade, Dreifaltigkeit, Erlösung, Heil usw. verlangen viel Vorwissen und Eingeweihtsein. Welcher Christ vermag schon einfach zu sagen, was sie bedeuten?

»Wenn du nicht fragen kannst ›Warum‹, darfst du es nicht tun« (Bert Brecht). Liturgie muss den Fragen der Menschen standhalten können. Ihrer jüdisch-christlichen Herkunft verpflichtet, muss sie Auskunft geben können, warum etwas so und nicht anders gefeiert wird. Die Liturgie stellt »kinderschwere« Fragen. Wenn Christen Gottesdienst feiern – doch keineswegs nur dann –, glauben sie, dass Jesus Christus selbst mitten unter ihnen lebendig ist. Dafür danken, loben und bitten sie. Sie bereiten sich auf die innere und äußere Umkehr und auf das Geheimnis der Wandlung vor. Was dann geschieht, entzieht sich menschlicher Planung und Verfügbarkeit.

Eine Zukunftsfrage

Eine der elementaren kirchlichen Zukunftsfragen ist die, wie überhaupt noch »Glauben« weitergegeben werden kann; die Frage verschärft sich in der Anonymität der Großstädte. Welche Sprache ist sinnvoll? Was »glauben« meint, ist erklärungsbedürftig. Manchmal ist es juristisch bestimmt. Was darf ich? Was darf ich nicht? Manchmal dogmatisch: Was muss ich von der Lehre der Kirche wissen und annehmen? Oder moralisch: Was mache ich falsch? Was mache ich richtig? Das erste Interesse am Glauben sollte nicht Recht, Lehre, Moral sein, sondern Freude, Friede, Dankbarkeit, Trost, Freiheit.

»Ob man über Glauben rechtet und richtet oder ob Glauben als gefeierter Zuspruch, als Weg zu verschütteten Quellen erfahrbar wird, das macht einen nicht geringen Unterschied. Die Feier der Eucharistie öffnet diese Blickrichtung: ›Den Armen verkündete er die Botschaft vom Heil, den Gefangenen Freiheit, den Trauernden Freude‹ (Viertes Hochgebet, Messbuch, S. 505).«[21] Wie wird das sichtbar und erfahrbar in der Kirche, in der Gesellschaft, in der Welt? Merkt man Christen und Christinnen an, dass sie leben, was sie glauben? Menschen, die im Erwachsenenalter bewusst den Weg des Christwerdens gehen, machen darauf aufmerksam, was für alle Christen und Christinnen gilt: Christ ist man nicht, Christ wird man. Von Natur aus sind wir alle Heiden, Ungläubige. Wir werden herausgerufen, Hinzugerufene (griech. *ekklesia*), d.h. Kirche. Christsein ist ein Weg, ein Prozess, der mit dem Empfang der Sakramente nicht einfach endet. Keiner »hat« den Glauben oder »steht« einfachhin und immer im Glauben. Glauben ist kein statisches Gebilde, kein Haben und Sein, sondern ein dynamischer, lebenslanger Prozess.

»Das gab es noch nie« –
Die Frage nach der Tradition

Karl-Heinz, 56 Jahre, verbindet mit Tradition die Geschichte seiner streng katholischen Schwiegereltern, die sich nie damit abfinden konnten, dass ihr Schwiegersohn ungetauft ist. Tradition, so hat er es erlebt, ist die Begründung für Unbeugsamkeit und Hartnäckigkeit unter dem Motto: »Das gab es noch nie in unserer Familie, wo kämen wir denn da hin?!« Manche Menschen meinen, dass Tradition sei, was Zeit ihres Lebens immer so war. Tradition, im Sinne von lat. *traditio*, anvertrauen, weitergeben, meint jedoch viel mehr. Zur Überlieferung und Weitergabe im Christentum gehören die großen Glaubenstraditionen der Bibel, die Geschichte der Kirche und die dazugehörige Überlieferung verbindlich anerkannter Glaubenslehren.

Was bedeutet »Tradition« für die Weitergabe des Glaubens heute? »Ich verstehe das nicht«, sagt ein 59-jähriger Vater. Vor einem Jahr hat seine älteste Tochter geheiratet, standesamtlich, nicht kirchlich. Sie bezeichnet sich als gläubig, aber nicht kirchlich, darum ist sie aus der Kirche ausgetreten. Der Umgang der katholischen Kirche mit Frauen ist für sie unbegreiflich und ärgerlich. Solange Frauen der gleichberechtigte Zugang zu verantwortlicher Leitung verwehrt wird, will sie diese Kirche nicht unterstützen. Der Vater versteht das nicht. Vor drei Wochen kam noch die Sache mit dem jüngsten Sohn hinzu. Dieser hatte seinen Eltern mitgeteilt, dass er bald heiraten will. Seine Freundin ist Muslima, und er trage sich mit dem Gedanken, zum Islam überzutreten, es sei doch schließlich derselbe Gott. Der Vater fragt sich, was er falsch gemacht habe. Er liebt seine Kinder und möchte, dass sie glücklich werden, aber jetzt weiß er nicht mehr, wie er sich verhalten soll. Für seine Frau sei alles noch viel schwieriger. Als Eltern hätten sie sich so sehr um eine gute, katholische Erziehung bemüht, und was ist daraus geworden?

Was geben, was tragen Christen weiter? Welche Überlieferungen, welche Bräuche sind ihnen wichtig? Wer lebt traditionsbewusst: jener, der die Kirchenreform des 16. Jahrhunderts beerbt, oder jener, der sich auf das jüngste Konzil beruft?[22] Und wer von christlicher Tradition spricht: Muss er nicht die frühe Kirche in den Blick nehmen und weiter noch die jüdischen Überlieferungen? Oder ist »Tradition« die christliche Botschaft, das Evangelium selbst?

Wie auch immer man diese Fragen beantwortet, der Zusammenbruch ehemals bindender katholischer Tradition ist offenkundig. Dazu einiges aus meiner Lebensgeschichte: Im Lebensumfeld meiner Kindheit, einem kirchlich verhafteten Milieu, war sichtbarer Katholizismus selbstverständlich. »Natürlich« ging man zum Sonntagsgottesdienst. Tradition, das war das Zusammenspiel von Gewohnheit und Pflichtgefühl. Kindergottesdienste, Andachten und Prozessionen, das Rosenkranzgebet in der Familie und in der Pfarrkirche …, all das gehörte einfach dazu. Äußerlich war der Glaube stabil. Und innerlich? Gab es jemals die »gute, alte Tradition«? Mittlerweile ist aus der mit Menschen gefüllten Kirche meiner Kindertage eine fast menschenleere Kirche geworden. Auch die mittlere und ältere Generation bleibt den Gottesdiensten fern. Sonntagmorgens geht man zum Brunchen, trifft sich zum Ausflug, oder man bleibt einfach im Bett. Bindende Traditionen sind weitgehend zusammengebrochen. Am deutlichsten und schmerzvollsten erlebe ich dies im Umgang mit Sterbenden und bei Beerdigungen. Trauer isoliert. Erschütternd ist es zu sehen, wenn Menschen verstummen, ohne die Solidarität einer Gemeinschaft zu erfahren.

Es ist erstaunlich, wie rasant sich das kirchliche Milieu in wenigen Jahrzehnten verändert hat.

Ein unüberschaubarer Spiritualitätsmarkt mit entsprechenden Strategien der Lebensbewältigung boomt: Viele suchen Zuflucht in der Esoterik, mal werden die Sterne befragt oder die Mondphasen gedeutet, mal sind es Tarotkarten oder Kristalle, mal sucht man eine Wahrsagerin auf. Manche suchen einen Meditationsguru, eine Schamanin, einen Heiler oder eine »erleuchtete«, ideale Gestalt. Sie sind bereit, viel Geld dafür auszugeben. Wieder andere wenden sich bewusst fernöstlichen Religionen zu, üben sich in Meditation, lernen den Hinduismus und buddhistische Traditionen kennen, sie praktizieren Zen, fahren nach Indien und Japan, nach Nepal und Tibet und gehen einen spirituellen Weg innerhalb einer fremden, doch geistlich bewährten Tradition. Viele, die wieder zur Kirche finden, verehren den Dalai Lama. Seine Lehre, sein Engagement, seine menschenfreundliche und spirituelle Ausstrahlung überzeugen sie. In seinen Unterweisungen ermutigt der Dalai Lama westliche Frauen und Männer, ihre christlichen Wurzeln nicht zu vergessen und den Weg der inneren Bekehrung in ihren eigenen Traditionen zu gehen. Auf sein Wort hin suchen viele nach den verschütteten Quellen ihrer christlichen Glaubensgeschichte. Eine 52-jährige Frau sagte: »Ich habe lange nicht verstanden, was der Dalai Lama damit eigentlich meint, und habe immer gedacht, der will uns ›Westler‹ loswerden. Jetzt aber verstehe ich ihn, und er hat Recht. Spätestens dann, wenn ich nicht mehr fit und reich genug bin, um nach Japan oder sonst wohin zu fahren, wenn ich auf meine Erfahrungen zurückgeworfen bin, dann spüre ich, dass ich zu meinen christlichen Wurzeln zurück muss.«

Diese Frau erlebte Sterben und Tod ihrer besten Freundin und erfuhr dabei, wie hilfreich christliche Rituale sind: Das Gebet am Sterbebett, der Beerdigungsgottesdienst und das anschließende Zusammenkommen der Trauergemeinde waren für sie wertvoll. Auch für so genannte »Fernstehende« – wer steht hier eigentlich wem fern? – bedeuten stimmige Rituale und tragfähige Worte viel. »In die Mulde meiner Stummheit leg ein Wort« (Ingeborg Bachmann). Möglicherweise gibt es tief im Gedächtnis des Christentums eine Kompetenz, die um rettende Rituale und um rettende Formulierungen weiß. Manchmal begegne ich ehemals »kirchenfernen« Menschen, die nach einem würdigen Beerdigungsgottesdienst den Schritt über die Schwelle der Kirche wagen, weil sie wahre Worte hörten und glaubwürdige Gesten sahen.

Wer sich als Katholik auf die Tradition der Kirche beruft, ist mit der ganzen über 2000-jährigen Kirchengeschichte konfrontiert. Kirchliche Traditionen müssen auf ihre Verwurzelung im Evangelium befragt werden. Die Tradition des Fragens, die zum Judentum untrennbar gehört, ist durch falsch verstandenen Dogmatismus weitgehend verlorengegangen. Nur in der Treue zu ihrem jüdischen Ursprung und in ihren jüdisch-christlichen Überlieferungen kann sich christliche Identität überzeugend entfalten. Abraham, Mirjam, David, Ruth, Jesus und Maria, Petrus und Maria Magdalena gehören dazu. Wer sich auf »die katholische Tradition« beruft, aber die jüdische Tradition ausblendet, der bezeugt einen gefährlichen Erinnerungsverlust.

5. Ohne Jesus ein Christ?

»Kann ich nicht auch ohne Jesus ein guter Christ werden«? Diese Frage wird häufig gestellt. Wenn ich versuche herauszuhören, was damit gemeint ist, so steckt
dahinter die Überzeugung, dass der Glaube an Gott
zentral, die konkrete Gestalt Jesu aber nicht so wichtig
sei. Außerdem, so wird gefolgert, sind die Geschichten
über ihn ja schon sehr alt. Gott ja – Jesus Christus nein?
Nicht die Göttlichkeit Jesu ist für viele ein Problem,
sondern die Menschennähe Gottes. Kann denn ein Gott
Mensch werden? Und wenn er Mensch wird, ist er dann
noch Gott? Die Transzendenz, die Göttlichkeit, das
Nicht-Menschliche wird unhinterfragt akzeptiert; bei
Jesus von Nazareth, dem Sohn Gottes, wird es schwierig. Diese Nähe Gottes zu den Menschen scheint eher
unheimlich, vielleicht auch zu konkret, so dass viele es
vorziehen, Gott möglichst fern, in himmlische Höhen
zurückzubeordern. Die Menschnähe Gottes in Jesus ir-
ritiert und verstört. Statt eines kosmischen Dramas geht
es um eine persönliche Beziehung, um ein persönli-
ches Verhältnis zu Christus. Was heißt das?
Wurde in den siebziger und achtziger Jahren des letzten Jahrhunderts Jesus vorwiegend als Mensch und Bruder entdeckt, wurde er als der Immanuel – »Gott mit
uns« – besungen, angebetet und verehrt, so ist heute
eher der allmächtige, große, geheimnisvolle Gott im
Blick. Auf Jesus kann – so die Meinung vieler – verzichtet werden. Worte wie »Christusbeziehung«,
»Christusfreundschaft« sind wenig verlockend. Und
zwar nicht nur bei Menschen, die neu einen Zugang
zum Glauben suchen, sondern auch bei »alteingesesse-

nen« Christen. Auch in Exerzitien ist das immer wieder zu hören. Da bekennen erfahrene Christen, dass sie eigentlich mit der Person Jesu nicht viel anfangen können. Obwohl mit dem spirituellen Vokabular vertraut, können sie es doch nicht mit Leben füllen. Viele sind deshalb verunsichert. Sie sind einer Ordensberufung gefolgt, haben den priesterlichen Weg oder eine andere Berufung in der Kirche gewählt und können doch mit Jesus persönlich nichts anfangen. Manche leiden darunter, suchen über Jahre einen Zugang und finden ihn nicht.

Hier stecken spannende Fragen: Was macht ein Christentum, das Mühe hat, den Menschen einen Zugang zum menschgewordenen Gott in Jesus Christus zu öffnen? Appelle und gut gemeinte Unterweisungen helfen nicht. Wie sollte eine Beziehung durch Appelle wachsen können? Vielleicht wissen wir zu schnell und zu viel über Jesus, den Christus, als dass wir uns noch verlocken lassen zu einer neuen Perspektive und zu einem neuen Gottesverhältnis. Vielleicht trauen sich viele nicht mehr, neugierig zu sein. Aber glauben wir an Gott, glauben wir an Jesus Christus – oder glauben wir nur an unseren Glauben?[23]

Warum tun sich Menschen so schwer mit dem menschgewordenen Gott? Vielleicht wird diese Reaktion ja verständlich auf dem Hintergrund einer theologisch reduzierten Vermittlung. Wurde nicht die christliche Botschaft reduziert auf die Vermittlung von Kreuz, Tod und Auferstehung Jesu, so dass es notwendig wurde, seinen gesamten Weg zu erinnern?[24] Wer sich auf die Auseinandersetzung mit dem Leben Jesu einlässt, wird erfahren, dass dahinter mehr zu sehen ist als ein vorbildliches menschliches Leben und dass Erlösung mehr umfasst als die Befreiung von Sünden.

Die neutestamentlichen Erzählungen laden ein, mit Jesus unterwegs zu sein, ihm nachzugehen, nachzuvollziehen, was ihn umtrieb, ärgerte und verletzte, wofür er Partei ergriff und worüber er trauerte, was ihn beglückte und wie er liebte. Das ist nicht bloß frommes Tun, sondern es wird zur existentiellen Wirklichkeit. Interessant ist zu sehen, mit welchen Worten Jesus beschrieben oder besser umschrieben wird: Heiland, Sohn Gottes, Erlöser, Herr, König, Friedensfürst, Freund, Messias … Mal wird der unbestechliche Richter betont, mal der barmherzige Menschenfreund, mal der allmächtige, transzendente Herr und Gott, mal der befreiende, dynamische Prophet.

»Im Christentum, das heißt in Jesus Christus, hat der lebendige, persönliche Gott den Menschen angeredet. Damit ist eine erschreckende Tatsache in das Leben des Menschen getreten.«[25] »Erschreckend« meint hier keineswegs »ängstigend«, sondern die aufschreckende Botschaft von Gott, der Menschen in ungeahnter Weise in Jesus Christus nahegekommen ist. Der große, unbegreifliche Gott hat sich unmittelbar durch Jesus Christus den Menschen zugewandt. Von daher ist zu fragen, was es bedeutet, wenn in der Mitte christlicher Verkündigung nicht ein Programm steht, auch kein Buch, sondern eine Person, die Person Jesu Christi. Es scheint, als habe man die christliche Botschaft einfach zur Kenntnis genommen und das Erschreckende, Anstößige und Sperrige des Glaubens beiseite geschoben: »Zunächst könnte man einfach sagen: Hoffnung. Hoffnung, dass dieses Schreckliche, Finstere, scheinbar Aussichtslose, das sich in einem Leben ereignet, dennoch einen seligen Ausgang nimmt. Christentum ist Hoffnung. Christentum ist Liebe zum Nächsten, die ihre letzte Kraft aus dem glaubenden Blick auf den Gekreuzigten und Auferstandenen gewinnt. Durch all diese Erfahrungen hindurch wissen wir erst, was gemeint ist, wenn wir Gott sagen.«[26]

In den Exerzitien des Ignatius von Loyola spielt das Leben Jesu eine entscheidende Rolle. Immer wieder geht man an den Stationen des Lebens Jesu entlang, denkt über sie nach, betrachtet und meditiert sie und wird so vertrauter mit seinem Leben und seinem Evangelium. »Man braucht sich nur auf diesen konkreten Menschen liebend und unbedingt einlassen ... Dann hat man alles.«[27] Dass Gott Mensch wird und sich »mit Haut und Haaren« auf diese Welt und unser Leben einlässt, ist das Dramatische. Die Konsequenzen sind nicht weniger aufregend. Wenn es stimmt, dass Gott so nahe kommt, dann bleibt die Gerichtsrede des Matthäusevangeliums hochaktuell: »Was ihr für einen meiner geringsten Brüder getan habt, das habt ihr mir getan ... Was ihr für einen dieser Geringsten nicht getan habt, das habt ihr auch mir nicht getan« (Mt 25,40.45).

Das biblische Wort für das Ernstnehmen des Evangeliums heißt: Umkehr! »Die Zeit ist erfüllt, das Reich Gottes ist nahe. Kehrt um, und glaubt an das Evangelium!« (Mk 1,15). Wohin sollen sie umkehren? Die frohe Botschaft ist mit dem Gebot der Liebe verbunden: »Das ist mein Gebot: Liebt einander, so wie ich euch geliebt habe. Es gibt keine größere Liebe, als wenn einer sein Leben für seine Freunde hingibt« (Joh 15,12).

Papst Benedikt XVI. schreibt: »Ich bin überzeugt, dass die Frage der Gerechtigkeit das eigentliche, jedenfalls das stärkste Argument für den Glauben an das ewige Leben ist. Das bloß individuelle Bedürfnis nach einer Erfüllung, die uns in diesem Leben versagt ist, nach der Unsterblichkeit der Liebe, auf die wir warten, ist gewiss ein wichtiger Grund zu glauben, dass der Mensch auf

Ewigkeit hin angelegt ist, aber nur im Verein mit der Unmöglichkeit, dass das Unrecht der Geschichte das letzte Wort sei, wird die Notwendigkeit des wiederkehrenden Christus und des neuen Lebens vollends einsichtig.«[28]

Sophie Scholl, Dietrich Bonhoeffer, Alfred Delp, die Bischöfe Oscar A. Romero und Juan Gerardi und mit ihnen viele andere, auch weniger bekannte Persönlichkeiten haben sich auf die Nachfolge Jesu eingelassen und Zeugnis gegeben bis zum Letzten. Elisabeth, Ulrike, Iwan, Yoko, Daniel, Ouz, Judith, Ronald, Olivia, Andreas, Kim, Hans, Stefan, Brigitte, Nick und Natascha wollen ebenfalls nach dem Evangelium leben und für ihre Hoffnung einstehen. Die Bibel sagt ihnen: »Seid stets bereit, jedem Rede und Antwort zu stehen, der nach der Hoffnung fragt, die euch erfüllt« (1 Petr 3,15).

6. Liebe und Gerechtigkeit

Kann man Liebe einfordern? Wer sehnt sich nicht nach Anerkennung und Geborgenheit, Zuwendung und Zärtlichkeit? Was bedeutet es, dass Gott die Menschen liebt und dass er Mitliebende sucht? Der jüdische Religionsphilosoph Martin Buber formuliert es so: »Wir sind Partner und Partnerinnen im Weltzeitgespräch.« Ist das so? Wie liebt Gott, und wie kann ich ihn lieben? Gibt es ein göttliches Recht, geliebt zu werden? Der diesbezügliche Imperativ findet sich im fünften Buch Mose (Dtn 6,4ff.): »Höre Israel! Der Herr, unser Gott, der Herr ist einzig. Darum sollst du den Herrn, deinen Gott, lieben mit ganzem Herzen, mit ganzer Seele und mit ganzer Kraft.« Gott appelliert: Liebe mich! Aber kann man Liebe gebieten? Kann Gott Liebe gebieten? Wohl kaum. Schließlich wäre sie nicht mehr frei, ungezwungen, spontan, authentisch. Wer möchte gezwungen lieben oder geliebt werden?

Gottes Liebe, so überliefert es die Heilige Schrift, ist eingewoben in die Geschichte, die in Dtn 6,20ff. erzählt oder besser erinnert wird: »Wenn dich morgen dein Sohn fragt: Warum achtet ihr auf die Satzungen, die Gesetze und Rechtsvorschriften, auf die der Herr, unser Gott, euch verpflichtet hat?, dann sollst du deinem Sohn antworten: Wir waren Sklaven des Pharao in Ägypten und der Herr hat uns mit starker Hand aus Ägypten geführt.«

Wer Liebe fordert, einfordert, einklagt, gar erzwingt, mag etwas bekommen, doch ist es nicht Liebe, vorausgesetzt, wir verbinden damit eine freie Haltung, eine freie Tat. Warum tut es Gott? Möglicherweise, weil er

41

es anders tut. »Das Gebot der Liebe kann nur kommen aus dem Munde des Liebenden. Nur der Liebende, aber er auch wirklich, kann sprechen und spricht: Liebe mich. In seinem Munde ist das Gebot der Liebe kein fremdes Gebot, sondern nichts als die Stimme der Liebe selber ... Alles andere ist schon nicht mehr unmittelbare Äußerung, sondern Erklärung – Liebes-Erklärung. Die Liebeserklärung ist sehr arm, sie kommt wie jede Erklärung stets hinterher und ... eigentlich immer zu spät ... Es ist süß zu gestehen, dass man wiederliebt und inskünftige nichts als geliebt sein will; aber es ist hart zu gestehen, dass man in der Vergangenheit ohne Liebe war ... Und so schämt sich die Seele, der Gott sein Liebesgebot zuruft, ihm ihre Liebe zu bekennen; denn sie kann ihre Liebe nur bekennen, indem sie ihre Schwachheit mitbekennt und dem ›Du sollst lieben‹ Gottes antwortet: Ich habe gesündigt ... ich liebe auch jetzt, auch in diesem gegenwärtigen Augenblicke noch lange nicht so, wie ich mich geliebt weiß.«[29] Franz Rosenzweig will nicht beweisen, wohl aber die Sinnhaftigkeit eines Gebots entfalten. Ob ich es annehme und ihm Vertrauen schenke, liegt in meiner Macht. Was mir bleibt: immer wieder darauf zu setzen, dass sich erfüllt und bewahrheitet, was ich erhoffe.

Gott zu suchen, ihn zu finden, wieder zu verlieren und neu zu suchen, das ist kein äußerlicher Akt. Gott ist nicht jenseits des Lebens zu finden, sondern diesseits – und: in jedem einzelnen. Die mystische Tradition spricht von der »Gottesgeburt in der Seele«[30]. Tempel Gottes sind nicht nur da, wo Gotteshäuser stehen – wer könnte Gott schon ein Haus bauen? –, sondern überall da, wo nach Alfred Delp »das Menschenherz anbetet, die Knie beugt, der Geist sich öffnet und wo der Mensch als Anbetender und Liebender in seiner höchsten Form sich erfüllt … Im Menschen selbst, in seiner innersten Mitte geschieht das Leben Gottes. Genau da wird der Mensch er selbst.«[31] »Wenn das gelingt, wenn ich Gott in mir finde, entdecke, seine Anwesenheit in mir, dann entdecke ich ihn auch in meinem Gegenüber. Gott in mir ist Antwort und Weg zur Liebe, zur Erkenntnis der Geborgenheit in Ihm, des Dialogs mit Ihm – *und* zur Erkenntnis des Ausgeliefertseins. Gott in uns kann erkennen lassen die allumfassende Liebe, aber der Weg kann nur, muss in kleinen Schritten gegangen werden, in Menschenschritten. Gott vollbringt keine Wunder von außerhalb, sondern nur in uns, durch uns, mit uns.«[32]

Wann bist du lieb, lieber Gott? Und wo warst du, lieber Gott, als keine Liebe zu spüren war? Diese Frage wird nicht nur in der Literatur oder auf der Bühne gestellt. Woher wissen die Theologen, dass Gott lieb ist? Was ist das für eine Liebe? Diese Frage höre ich immer wieder. Sonja, eine junge Frau, fragt, wo Gott in ihrem Leben war, warum er sie nicht schützte vor den sexuellen Übergriffen des Vaters. Wie kann sie da an einen guten Vater glauben? Heiner, ein junger Mann, fragt, wo Gott war, als seine Mutter dem Alkohol verfiel und die Familie ruinierte. Hans und Moni, ein Elternpaar, fragen: Wo war Gott, als unsere jüngste Tochter bei einem Verkehrsunfall ums Leben kam? Wie können Menschen an einen Gott der Liebe glauben? Diese Frage ist nicht abstrakt, sowenig wie die Frage, warum Gott Leiden und Not zulässt, theoretisch ist.

Wer vermag zu antworten? Wer so fragt, hat ja »Recht«. Wie kann man im Schmerz von der Liebe reden, ohne dass es billig, lapidar, vertröstend klingt? »Menschen, die nicht gelitten haben, können das ja so einfach sagen«, empört sich Sonja, »aber wer wirklich Not leidet, kann solche Worte nicht ertragen. Wie kann ich an die Liebe glauben, wenn um mich herum so viel Hass, Misstrauen, Gewalt und Angst herrschen, wenn ich nur nach langjährigen Therapien überhaupt wieder in der Lage bin, ein einigermaßen selbständiges Leben zu führen?« Und sie fügt hinzu: »Ich glaube trotzdem an Gott, aber ich wüsste gerne, wo er in meiner Kindheit war und warum er mich nicht geschützt hat. Ich verstehe ihn nicht. Ist das eine Strafe? Für wen? Für meine Eltern, für mich?«

Wird nicht viel zu harmlos und zu schnell von Gottes Liebe geredet? Kann der Verweis auf die Liebe Gottes Hans und Moni, Heiner und Sonja trösten? Muss nicht jeder Versuch, ihnen Mut zuzusprechen, scheitern? Leidende Menschen reagieren sehr sensibel auf Worte, die gut gemeint sind und doch tief verletzen. Worte können Wunden schlagen auch da, wo der Angesprochene nicht direkt betroffen ist, aber mit dem ungeheuren Schicksal anderer mitfühlt. Was ist mit den zahllosen unschuldigen Kindern, Frauen und Männern, die durch Krieg und Folter, Hass und Gewalt bedroht sind, die unter Neid, Egoismus, Hochmut und Lüge leiden? Eine unachtsame Predigt über die Liebe Gottes kann mehr anrichten, als ein Prediger erahnt. Wer den Schrecken über die Banalität der Worte nicht kennt, wird schwerlich begreifen, was Menschen hier empfinden.

Es gibt viele gut gemeinte Antwortversuche. Die theologische Tradition hält einige bereit. Doch manches wirkt als gut gemeinter Erklärungsversuch zu schnell, zu gewusst, zu unberührt. Der Verweis auf den leidenden, ohnmächtigen Gott oder auf die Schuld und Sünde der Menschen hilft nicht unbedingt. »Die Gottesrede ist entweder die Rede von der Vision und der Verheißung einer großen Gerechtigkeit, die auch an die

vergangenen Leiden rührt, oder sie ist leer und verhei-
ßungslos – auch für die gegenwärtig Lebenden … Es
geht um die Frage, wie denn überhaupt von Gott zu
reden sei angesichts der abgründigen Leidensgeschichte der Welt, seiner Welt.«[33]
Die jüdische Tradition erzählt folgende Geschichte: »Bei
einem der Nachbarn des Rabbi Mosche Löb waren
mehrere Kinder nacheinander im zarten Alter gestorben. Die Mutter vertraute eines Tages ihren Kummer
der Frau des Zaddik an: ›Was für ein Gott ist denn der
Gott Israels? Er ist grausam und nicht barmherzig. Er
nimmt, was er gegeben hat.‹ ›Du darfst nicht so reden‹,
sagte die Frau des Zaddik, ›so darfst du nicht reden. Die
Wege des Himmels sind unergründlich. Man muss lernen, sein Schicksal anzunehmen.‹ In diesem Augen-
blick erschien Rabbi Mosche Löb auf der Türschwel-
le und sagte der unglücklichen Mutter: ›Und ich sage
dir, Frau, man muss sich nicht unterwerfen. Ich rate dir
zu rufen, zu schreien, zu protestieren, Gerechtigkeit zu
fordern, verstehst du mich, Frau? Man darf es nicht hin-
nehmen!‹«[34]

7. Kreuz

»Es hat irgendwie alles keinen Sinn mehr, ich weiß es nicht.« David, 31, wiederholt die Sätze mehrfach. Er ist vor einigen Jahren aus der katholischen Kirche ausgetreten, aber das ist nicht sein Thema. Vor wenigen Monaten hat seine jüngere Schwester sich das Leben genommen. Seither hat er viel über Suizid gelesen, eine Selbsthilfegruppe besucht, aber all das hat ihm nicht weitergeholfen. Leid macht stumm. Und doch sucht das Herz nach einem Wort. Wenn wir ganz verstummen, haben Tod und Elend, Verzweiflung und Angst gesiegt. Darum unser Verlangen zu reden und zu hören. Aber wie?

In einer für mich schweren, leidvollen Situation sagte mir jemand – ich glaube, er meinte es im besten Sinn: »Die Zeit heilt alle Wunden.« Mir wurde kalt – ich war wie erschlagen. Nein, die Zeit heilt nicht alle Wunden. Möglicherweise lehrt uns die Zeit, anders mit unseren Wunden umzugehen, den Schmerz, die Trauer weniger deutlich zu zeigen. Aber die Wunden bleiben. »Nichts ist vernarbt« (Paul Celan).

Im Kreuz ist Hoffnung?

Jesus in Getsemani, Jesus auf Golgotha … und dann die Tränen der Kinder, Frauen und Männer, die unzähligen »Kreuze« der Menschheitsgeschichte. Wer hört ihre Schreie, ihre Trauer? Wer spürt ihre Verzweiflung? Was alles ist geschehen und geschieht, ohne dass ein Mensch wirklich hinschaut, zuhört, da ist? Wer erinnert die langen Nächte der Trennung, des Todes?

Plötzlich verliert ein Mann seinen Arbeitsplatz. Eine Frau wird mit 28 Jahren Witwe. Eine hochbegabte Studentin leidet unter Prüfungsangst und kann das Examen nicht ablegen. Ein Jungunternehmer muss Insolvenz anmelden. Eine junge Mutter erhält die Diagnose Krebs. Und dann? Auf einmal wird die Frage nach dem Leben bedrohlich ernst.

»Schweig nicht zu meinen Tränen«, heißt es in Ps 39,13. Schweig nicht, rede! Die Liturgie der Karwoche ringt um Worte: das einsame Leiden, der Schrei am Kreuz, Trauer und Verzweiflung, Gottesfinsternis und die lange Nacht des Todes; und dann: Grabesruhe, Stille. Es scheint, als leihe die Liturgie dem toten Jesus ihre Stimme im Gebet, in den Psalmen, in den Klageliedern: »Herr, sieh an, wie mir Angst ist. Es glüht mir in der Brust« (Klg 1,20a). »Schrei laut zum Herrn, stöhne, Tochter Zion! Wie einen Bach lass fließen die Tränen / Tag und Nacht! / Niemals gewähre dir Ruhe, / nie lass dein Auge rasten! / Steh auf, klage bei Nacht, / zu jeder Nachtwache Anfang!« (Klg 2,18.19a)

»Im Kreuz ist Heil, im Kreuz ist Leben, im Kreuz ist Hoffnung.« Diesen Vers singen katholische Christen am Karfreitag zur Kreuzverehrung. »Das stimmt doch alles nicht«, empört sich Claudia und versucht ihre Tränen zurückzuhalten. »Ich bin aus dem Gottesdienst herausgelaufen. Was ist nicht alles im Namen des Kreuzes und mit Billigung der Kirchen geschehen? Im Namen des Kreuzes wurde zu Verfolgung und Mord geschwiegen. Und wir sitzen in der Kirche, wohlgenährt, hören konzertante Musik und finden das ergreifend? Ich habe in meinem freiwilligen Auslandsjahr in Ruanda gearbeitet. Es gibt so viele traumatisierte Menschen, die wirklich das Kreuz erleben. Und wir beten es an und sprechen vom Sieg am Kreuz?« Claudia sieht an diesem Karfreitag die Folteropfer im Kreuz unmittelbar gegenwärtig. Sie sieht im Kreuz die vielen Menschen in Afghanistan, im Irak, in Sri Lanka und in El Salvador, in Nordkorea und in China, in Libyen und in Algerien und überall auf der Welt, wo Kinder, Frauen und Männer unter der Gewalt der Herrschenden leiden.

Welche Erfahrung, welche Sprache – trägt? Nur eine Sprache, die zwischen Karfreitag, dem Tag der Verzweiflung und der Katastrophe, und Ostersonntag, dem Tag der großen Befreiung und des Jubels, angesiedelt ist, und die zutiefst von Erinnerung und Erwartung geprägt ist!

»Warum, Gott, zum Heil die fürchterlichen Umwege, das Leid der Unschuldigen, die Schuld?«, diese Frage wollte Romano Guardini nach seinem Tod an Gott selbst richten.[35] Das konkrete Kreuz Jesu ist die Konsequenz zunehmender Anfeindung seiner Liebe. Sein Kreuz ist nur zu verstehen im Kontext seines ganzen Lebens, mit Sterben, Tod und Auferstehung. Der Glaube ist nicht einfach die Antwort auf diese Frage, sondern bringt diese Fragen erst hervor. Das Kreuz im Leben Jesu beginnt ja nicht erst mit den Passionserzählungen, sondern viel früher, mit seiner Geburt (vgl. EB 116).

Man darf das Geschehen nicht sofort in die Perspektive der Auferstehung rücken, längst ist nicht für alle schon am dritten Tag Ostersonntag. Die Auferstehungserfahrung ist ein höchst ungleichzeitiges Geschehen. Da sind zuerst die Frauen, die wortlos erschrecken (Mk 16,5), dann Petrus und Johannes (Joh 20,1–10), viel später die Jünger auf dem Weg nach Emmaus (Lk 24), noch viel später Saulus auf dem Weg nach Damaskus (Apg 9,1–22).

Wer um einen Menschen trauert, weiß, wie schwer es ist, ohne den geliebten Menschen weiterzuleben: Alles scheint sinnlos, die Welt verkehrt, das eigene Leben wie abgestorben, ohne Trost. So persönlich und unvergleichlich Trauer und Schmerz sind, im Gottesdienst nehmen Christinnen und Christen ernst, was alle angeht: die Erinnerung und Gegenwart Jesu Christi, der Zeugnis gab bis zum Letzten, bis hinein in den Tod. Mit ihm erinnern wir an die Menschen, die zu Opfern von Terror und Gewalt wurden. »Es gibt kein Leid auf der Welt, das uns nichts angeht« (J.B. Metz). »Die schwersten Wege / werden alleine gegangen, / die Enttäuschung, der Verlust, / das Opfer, / sind einsam ... / Man hört nur den eigenen Schritt / und den Schritt, den der Fuß / noch nicht gegangen ist, aber gehen wird. / Stehen bleiben und sich umdrehn / hilft nicht. Es muss / gegangen sein.«[36]

Trost?

Wenn ich an Trost denke, steigen in mir Bilder auf: ein leuchtend weißer Magnolienbaum unter blauem Himmel, Kinder, die sich in ein Spiel verlieren, die Sterne am Himmel in einer klaren Winternacht, ein freundlicher Anruf, ein ermutigendes Wort, das mich erreicht. Wie ich Trost noch erfahre, ist schwer zu sagen, eher unverhofft, ungeahnt, leise; sanft und doch stark – eine Stärke, manchmal kommt sie auf mich zu, manchmal steigt sie in mir auf! Trost – er kommt und entzieht sich wieder. Trost ist Gnade.

Ignatius von Loyola spricht in seinen Geistlichen Übungen ausdrücklich vom Trost. Er leitet zu einer Betrachtung an: »Das Trösteramt betrachten, das Christus unser Herr ausübt, und damit vergleichen die Art, wie

Freunde einander zu trösten pflegen« (EB 224, vgl. 2 Kor 1,3–7). Trost ist die Ahnung, dass der Tod nicht das letzte Wort hat. War es für Alfred Delp ein Trost, als er kurz vor seiner Hinrichtung schrieb: »Es sollen einmal andere besser und glücklicher leben dürfen, weil wir gestorben sind«[37]? Vielleicht. Vieles spricht dafür. Trost hat so viele Facetten, und es mag die Haltung der Hoffnung sein, die dem Trost diese Stärke, Ausdauer und stille Kraft gibt. Ein guter Freund, seit vier Jahren schwer erkrankt, sagte zu mir: »Das Tiefste, was ein Mensch erfahren kann, ist nicht Glück, sondern Trost.« Eine Situation in meinem Leben werde ich niemals vergessen. Es war am Sterbebett eines geliebten Menschen, als ich plötzlich in der drohenden Verlassenheit, in Schmerz und Ohnmacht eine Gegenwart unter uns spürte, die uns verband – eine Gegenwart über uns, mit uns, in uns.

In einem Gefängnisbrief von Dietrich Bonhoeffer lese ich: »Zunächst: es gibt nichts, was uns die Abwesenheit eines lieben Menschen ersetzen kann, und man soll das auch gar nicht versuchen; man muss es einfach aushalten und durchhalten; das klingt zunächst sehr hart, aber es ist doch zugleich ein großer Trost; denn indem die Lücke wirklich unausgefüllt bleibt, bleibt man durch sie miteinander verbunden. Es ist verkehrt, wenn man sagt, Gott füllt die Lücke aus; er füllt sie gar nicht aus, sondern er hält sie vielmehr gerade unausgefüllt und hilft uns dadurch, unsere echte Gemeinschaft miteinander – und wenn auch unter Schmerzen – zu bewahren. … Man trägt das vergangene Schöne nicht wie einen Stachel, sondern wie ein kostbares Geschenk in sich.«[38]

Trost!? Auch in den Tränen aus Trauer und Schmerz kann Trost liegen. »Sammle meine Tränen in einem

Krug« (Ps 56,9) – da, wo wir die Fassung verlieren, die Haltung nicht mehr bewahren können und weinen. Damit ist nicht der Appell verbunden: Weine und du bist befreit! Nein, solche Tränen befreien nicht, wohl aber können sie trösten: Jesus kennt Trauer und Tränen. Er weint um seinen Freund Lazarus (Joh 11,35). Maria aus Magdala weint vor dem leeren Grab und betrauert ihre zerbrochene Hoffnung (Joh 20,11). »Da tat es mir wohl, vor dir zu weinen, um sie und für sie, um mich. Ich ließ meinen Tränen freien Lauf. Mochten sie fließen, soviel sie wollten. Ich bettete mein Herz hinein und fand Ruhe in ihnen« (Augustinus).

8. Mitleid

»Bei uns gibt es keine Armen«, sagt der zuständige Pfarrer, als ihm ehrenamtliche Hilfe für die Gemeinde angeboten wird, »aber sie können gerne mit der Sammeldose am Caritassonntag aushelfen«. Mit dieser Auskunft bleibt Peter draußen vor der Tür stehen. Der 40-jährige Arzt und Therapeut hat sich nach einem langen Entscheidungsprozess für das Leben in der katholischen Kirche entschieden und möchte sich nun ehrenamtlich engagieren. Für ihn ist klar, dass sich Christsein nicht im Mitfeiern der Sonntagsmesse und im Bezahlen der Kirchensteuer erschöpft. Er möchte konkret und unaufdringlich helfen. Er denkt bevorzugt an Kinder, Frauen und Männer, die im Einzugsbereich der Pfarrei wohnen und verarmt sind oder aufgrund ihrer körperlichen oder seelischen Einschränkung Hilfe benötigen.

Gibt es eine Haltung, die Jesus besonders wichtig war und ihn besonders kennzeichnete? Spontan fällt mir dazu ein: mitempfinden! Ob das so ganz richtig ist, sei dahingestellt. Ist Mitleid eine christliche Tugend? Oder gehört »Mitleid« zu den vielfach missbrauchten Worten, abgenutzt und verdächtig? Mitleid ist ein schillerndes, vieldeutiges Wort. Umgangssprachlich wird es oft im Sinne eines sentimentalen Gefühlsausdrucks gebraucht. »Bitte kein falsches Mitleid«, »Verschone mich mit deiner mitleidigen Miene!«, so der Appell leidender Menschen. Statt von Mitleid redet Dorothee Sölle lieber von Sympathie.[39] Und Gott? Leidet Gott? Leidet er mit uns Menschen, mit seiner Schöpfung? Leidet er an uns, durch uns? Und schließlich: Wenn Gott leidet, ist er dann noch allmächtig? Kann er uns noch retten?

Im Hebräischen fällt die Nähe von »Mitleid« und »Barmherzigkeit« (*rhm-rachamim, raechaem*: auch »Mutterschoß«, »Gottes barmherziges Handeln«) auf. »Barmherzigkeit« bringt in seiner ursprünglichen Bedeutung die mitleidende Zuwendung Gottes zu seinen Geschöpfen zum Ausdruck. »Der Herr sprach: Ich habe das Elend meines Volkes in Ägypten gesehen, und ihre laute Klage über ihre Antreiber gehört. Ich kenne ihr Leid« (Ex 3,7). Entsprechend erwartet auch ein leidender Mensch Zuwendung von seinen Mitmenschen.

»Mitleid«, »mitleiden« wurde von deutschen Mystikern als Lehnübersetzung für lat. *compatior* geschaffen, das seinerseits als Lehnübersetzung der griechischen Vokabeln *sympas-cho, sympateio* diente. Es gibt sehr beeindruckende Bibeltexte, die vom Mitleiden Gottes erzählen (Gen 19,16; Dtn 32,36; Jes 32,9; Hos 11,8; Sach 12,10 ...) »Er hatte Mitleid mit ihnen, denn sie waren wie Schafe, die keinen Hirten hatten.« In Röm 8,17 ist vom Mitleiden mit Christus die Rede, in 1 Kor 12,26 davon, dass alle Glieder des Leibes Christi mitleiden, wenn ein Glied leidet, d.h. wirklich Schaden nimmt. Wir sollen mitfühlen mit den Schwachen (Hebr 4,15). »Endlich aber: Seid alle eines Sinnes, voll Mitgefühl und brüderlicher Liebe, seid barmherzig und demütig!« (1 Petr 3,8). In seiner ursprünglichen Bedeutung hat »Mitleid« mit Urverbundenheit zu tun.

Aus der Erfahrung der Not und dem Mitleiden mit Bedürftigen entstanden immer wieder Ordensgemeinschaften, etwa die Barmherzigen Brüder oder viele Frauenorden, außerdem soziale Bewegungen. Auch für Ignatius und seine Gefährten gehörte zu ihrem Christsein die Pflege der Kranken. Die Jesuiten, die auf dem

Konzil von Trient beratend tätig waren, kümmerten sich ebenso um Arme und Kranke wie sie Redebeiträge verfassten und an Diskussionen teilnahmen. »Zu größerer Ehre Gottes unseres Herrn ist das, was bei dieser Tagung von Trient hauptsächlich von uns erstrebt wird …, predigen, beichthören und Vorträge halten, Kinder bekehren, Beispiel geben, Arme in Spitälern besuchen … Die Spitäler zu irgendeiner Stunde oder Stunden des Tages besuchen, die für die leibliche Gesundheit am angebrachtesten sind; bei den Armen beichthören und sie trösten und ihnen sogar, wenn es möglich ist, irgendetwas mitbringen.«[40]

Im Laufe der Jahrhunderte wandelte sich der Sinn von »Mitleid«: An die Stelle mitfühlender Anteilnahme trat ein »mitleidiges Lächeln«. Man empfindet Mitleid nicht mehr, weil man sich mit jemandem verbunden weiß, vielmehr löst eine Schwäche oder Ungeschicklichkeit die mit Geringschätzung gemischte Mitleidsreaktion aus, also ein Mitleid, das in Überheblichkeit über den Bemitleideten gründet. Dagegen bleibt die Haltung Jesu aktuell: Er behandelt bedürftige Menschen nicht von oben herab, sondern tritt ihnen mit Ehrfurcht und Feingefühl entgegen. Er entscheidet und agiert nicht über ihre Körper und Seelen hinweg, sondern stellt zunächst Fragen – wie beim blinden Bartimäus: »Was willst du, das ich dir tun soll?« (Mk 10,51).

Unsere Alltagssprache gebraucht »Mitleid« negativ, mit Assoziationen im Sinne von: mitleidig, verächtlich, gönnerhaft, demütigend, kränkend. Daher tauchen dort, wo das Mitleid positiv dargestellt werden soll, Fremdwörter wie Compassion, Sympathie, Empathie, Solidarität oder das weniger belastete deutsche »Mitgefühl« auf.

Leidet Gott?

Die jüdisch-rabbinische Tradition beschäftigt sich intensiv mit der erbarmenden Liebe Gottes, der sich in Selbsterniedrigung und Selbstentäußerung zu seinem Volk herabneigt. Gott ist der Gott, der sein Volk begleitet und mit den Menschen durch die Wüste zieht. Das Mitziehen Gottes durch die Wüste wird von den Rabbinen als Vorausbild des Mitleidens Gottes in der Exilssituation Israels gesehen. Die Selbstbindung Gottes an den Menschen in der Geschichte kann sich nicht nur auf die Idealsituation der Bundestreue beschränken. Da Gott sich auf den Menschen eingelassen hat, muss er mit der Begrenztheit und Bosheit der Menschen zurechtkommen. Die Rabbinen konnten sich dies nur so erklären, dass Gott an und mit den Menschen real leidet.[41]

Scheitert Gott?

Sowohl das »Magnificat« (Lk 1,46–56) wie das »Benedictus« (Lk 1,67–79) preisen das Erbarmen Gottes. Jesus stellt sich selbst (Lk 4,16–21; vgl. Jes 61,1f.) als Vollender des göttlichen Erbarmens vor. Er, der die Menschen aus Leiden und Tod und von allen gottfeindlichen Mächten befreien wollte, wird jedoch selbst – so scheint es – am Kreuz von diesen Mächten besiegt. Das Erbarmen Gottes endet aber nicht damit, dass er selbst in den Tod geht. Der Abstieg Jesu in die totale Finsternis, ins Leiden, erhält seinen Sinn, indem das Leiden eben nicht bestätigt, sondern überwunden und der Leidende zum Leben, zum Heil gerufen wird. Das Kreuz Jesu wird in der biblischen Offenbarung nie isoliert gesehen oder einfach als Symbol menschlichen

Leidens thematisiert. Es kann nur im Kontext von Leben, Tod und Auferstehung Jesu verstanden werden. Der österliche, auferstandene Christus offenbart den lebenspendenden, erbarmenden Gott.

Nachahmung

So wie göttliches Mitleiden in Jesus Christus konkret wird, kann das Mitleiden der Christen nur in engem Zusammenhang mit dem Leiden Jesu verstanden werden. Am deutlichsten wird dies in Phil 2,1–11. Diese Verbundenheit muss im gemeinschaftlichen Leben erfahrbar werden und reicht weit über alle Grenzen der christlichen Kirche hinaus bis zur Solidarität mit der ganzen Schöpfung. »Auch die Schöpfung soll von der Sklaverei und Verlorenheit befreit werden zur Freiheit und Herrlichkeit der Kinder Gottes. Denn wir wissen, dass die gesamte Schöpfung bis zum heutigen Tage seufzt und in Geburtswehen liegt. Aber auch wir, obwohl wir die Erstlingsgabe haben, seufzen in unserem Herzen und warten darauf, dass wir mit der Erlösung unseres Leibes als Kinder offenbar werden. Denn wir sind gerettet, doch in der Hoffnung. Hoffnung aber, die man schon erfüllt sieht, ist keine Hoffnung. Wie kann man auf etwas hoffen, das man sieht?« (Röm 8,19–24).

Compassion

Der Kreuzweg Jesu durchkreuzt die Wege derer, die sich heraushalten wollen. Wer unberührt vom Leid der anderen lebt, kann sich nicht Christ nennen. Wer Jesus nachfolgen und von ihm lernen will, wird erfahren, dass Jesu Blick nicht zuerst der Sünde, sondern dem Leid der Menschen galt; dies zeigt etwa die Geschichte der Auferweckung des Sohnes einer Witwe in Nain (Lk 7,11–17) oder die der Heilung der verkrümmten Frau am Sabbat (Lk 13,10–17). Diese besondere Leidempfindlichkeit kennzeichnet seinen Umgang mit den Menschen. Wie sehr unsere Gesellschaft von dieser Leidempfindlichkeit entfernt ist, formuliert J.B. Metz so: »Breitet sich nicht eine neue Art der Privatisierung unseres Lebens aus, eine Zuschauermentalität ohne kritische Wahrnehmungspflicht, ein eher voyeurhafter Umgang mit den großen Krisen und Leidenssituation der Welt? ... Grassiert unter uns nicht ein Krisen- und Elendsgewöhnungsdenken?«[42] Eingedenk der Leidensgeschichte der Menschheit und eingedenk dieser gesellschaftlichen Realität plädiert Metz in seiner Theologie für ein leidempfindliches Christentum, getragen von einer Mystik der offenen Augen. Das Leid wird zum Anstoß eines leidenschaftlichen Lebens und einer leidenschaftlichen Rückfrage an Gott. Auf der Suche nach einem angemessenen Ausdruck für diese Leidempfindlichkeit hat Metz den Begriff »Compassion« gewählt. »›Mitleid‹ ist kaum mehr unschuldig zu gebrauchen. Es klingt jedenfalls zu gefühlsbetont, zu praxisfern, zu unpolitisch ..., und ich verstehe dabei diese Compassion nicht als vages Mitgefühl ..., sondern als Mitleidenschaft, als teilnehmende, als verpflichtende Wahrnehmung fremden Leids, als tätiges Eingedenken des Leids der Anderen. Diese Compassion verlangt vorweg die Bereitschaft zu einem Blickwechsel, zu jenem Blickwechsel, zu dem die biblischen Traditionen ... immer wieder einladen, dazu, ... uns selbst mit den Augen der Anderen anzuschauen und einzuschätzen und diesem Blick wenigstens um ein Geringes länger standzuhalten, als es die spontanen Reflexe unserer Selbstbehauptung erlauben. Hier gilt der kategorische Imperativ, den Hans Jonas so formuliert: Sieh hin und du weißt!«[43] Was Compassion meint, wird eindrücklich im Gleichnis vom barmherzigen Samariter (Lk 10,29–37) und in der Gerichtsrede (Mt 25) erzählt.

Die Art, wie Jesus für seine Mitmenschen da war, zeigt jene Solidarität, die wirklich Anteilnahme ist. Insofern kann man von einer »Spiritualität des letzten Platzes« sprechen: Sie will jene Haltung fördern, die sich nicht zu schade ist, auch und gerade dann für die Menschen da zu sein, wenn man ›herabsteigen‹ muss, wenn Nachteile in Kauf zu nehmen sind, wenn kaum Erfolg in Sicht ist. Sie wendet sich ferner gegen die Versuchung zu einer gewissen Selbstherrlichkeit, die den Dienst am anderen damit verwechselt, ihm die eigene Vorstellung aufzudrängen, ohne überhaupt begriffen zu haben, wo die Not liegt.«[44] Gibt es Vorbilder? Sicherlich viele. Einer von ihnen ist Erzbischof Oscar A. Romero (1917–1980), der vor dreißig Jahren, am 24. März 1980, während der Eucharistiefeier erschossen wurde. Er hat mit seinem Leben und Sterben Zeugnis dafür gegeben, was es heißt, als Christ aus der Haltung der Compassion zu leben. In diesem Sinne ist er ein »moderner Kirchenvater« (Ricardo Uriste). Sein Volk, vor allem die armen, bedrängten Menschen in El Salvador haben ihn längst heilig gesprochen. »Romero hat in seiner persönlichen Entwicklung die Veränderungen nachvollzogen und gelebt, die das Zweite Vatikanische Konzil in Gang gesetzt hatte … Durch ihn hat eine neue Kirche in El Salvador Gestalt angenommen. Doch auch innerhalb der Kirche ist Romero bis heute umstritten.«[45] Seine Biographie ist bewegend zu lesen. Er »ist zu einem Symbol für eine menschenfreundliche Kirche geworden, die sich auf die Seite der Armen stellt und ihre Rechte verteidigt.«[46]

9. Herz

»Das hätte ich nicht gedacht, dass Christsein so anstrengend ist. Vielleicht ist es gut, wenn man bei der Taufe noch nicht ahnt, was auf einen zukommt«, sagt Elisabeth, 39, verheiratet, zwei Kinder. Wer als Erwachsener den Weg bewusst geht, wird die volle Wucht dieser Entscheidung im Alltag erfahren. Da sind kleinste Entscheidungen, persönliche Reaktionsmuster, politische Optionen auf einmal nicht mehr selbstverständlich, sondern sie werden hinterfragt und daraufhin überprüft, ob sie mit dem Evangelium übereinstimmen. Es ist unbequem, Christ zu sein oder es bleiben zu wollen.

Sich mit dem Evangelium auseinanderzusetzen, und das schließt das eigene Leben, die Lebensgeschichte und gesellschaftliche und kirchliche Gegebenheiten mit ein, kostet Kraft. Und die Fragen werden zunehmen. Ja, sie nehmen in dem Maß zu, wie die Gewissheit und die Freude über diesen Weg wachsen. Das ist frappierend dem ähnlich, was Menschen erleben, wenn sie den Exerzitienweg gehen. Wer als Erwachsener Christ wird, kann diesen spirituellen Übungsweg gehen, der den geistlichen Übungen des Ignatius von Loyola sehr nahe kommt.

Die gesellschaftliche Dimension
einer persönlichen Entscheidung

Wer den Weg entschieden geht, erfährt, dass er im Schnittpunkt zweier Kraftfelder steht, die ihn in gegensätzliche Richtungen ziehen wollen. Man kann sich darin verlieren, sich entkommen – oder neue, ungeahnte Lebensdimensionen entdecken. Es geht – ignatianisch gesprochen – um ein *magis*: ein »Mehr an Leben«. Auch das Wort »ganzheitliches Leben« wäre nicht unpassend. Nur meint »Ganzheitlichkeit« hier anderes als das, was esoterische Gurus verkünden. Ich soll ein Gespür bekommen für das, was »stimmt« in meinem Leben, was mich zufrieden und erfüllt sein lässt. Ich soll lernen, das Unstimmige zu entdecken: Scheitern, Lüge, Misstrauen, Hochmut, ganz allgemein gesprochen: Sünde. Ganzheitlichkeit lerne ich, wenn ich mich an Jesus Christus und an seinem Leben orientiere. Ihn mehr kennen lernen, für ihn ein Gespür entwickeln und fördern, das will ich auf dem weiteren Weg. Wer auf diese Weise versucht, sein Leben zu gestalten, ahnt und erlebt, dass Ablenkungen und Verführungen ihn verwirren möchten. Damit ist gemeint: Ich soll mit der Verführung zum Bösen rechnen und damit umgehen lernen. So enthält der Ritus der Taufe oder Tauferneuerung eine ausdrückliche Absage an das Böse. Konkret: Wie ich lebe, wo ich einkaufe, welche Produkte ich wähle, wo ich mein Geld verdiene, wie ich es anlege usw., ist nicht mehr nur meine Privatsache, sondern ich muss alles Verhalten reflektieren und vor meinem Gewissen und vor den Menschen verantworten.[47] Richtschnur ist das Evangelium.

Im Zentrum der Botschaft Jesu steht die Verkündigung des »Reiches Gottes«. Das meint: sich neu orientieren, umkehren, einen neuen Lebensstil riskieren: »Ihr seid das Salz der Erde. Wenn das Salz seinen Geschmack verliert, womit kann man es wieder salzig machen? Es taugt zu nichts mehr; es wird weggeworfen und von den Leuten zertreten. Ihr seid das Licht der Welt. Eine Stadt, die auf dem Berg liegt, kann nicht verborgen bleiben«

(Mt 5,13–14). Das betrifft die persönlichen Haltungen und Meinungen, das betrifft das kirchliche wie gesellschaftliche Engagement: »Alles, was ihr von anderen erwartet, das tut auch ihnen! Darin bestehen das Gesetz und die Propheten« (Mt 7,12).

Um die Mauer der Blindheit zu durchdringen, preist Jesus die Armen und die Verspotteten selig. Er kehrt die übliche Weltordnung um. Das ist nicht nur schöne Rhetorik, es gilt für Jesu Lebensstil und für die göttliche Botschaft seiner ganzen Person. Wie sollte es uns Gott noch deutlicher sagen? Jesus nachgehen heißt umdenken lernen: »Euer Ja sei ein Ja, euer Nein ein Nein; alles andere ist vom Bösen« (Mt 5,37). »Niemand kann zwei Herren dienen; er wird entweder den einen hassen und den anderen lieben, oder er wird zu dem einen halten und den anderen verachten. Ihr könnt nicht beiden dienen, Gott und dem Mammon« (Mt 6,24). »Zieh zuerst den Balken aus deinem Auge, dann kannst du versuchen, den Splitter aus dem Auge deines Bruders herauszuziehen« (Mt 7,5). Das sind kühne, provozierende Aussagen, Stachel im Gedächtnis der Christen. Paulus formuliert dies so: »Da sind nicht viele Weise im irdischen Sinn, nicht viele Mächtige, nicht viele Vornehme, sondern das Törichte in der Welt hat Gott erwählt, um die Weisen zuschanden zu machen, und das Schwache in der Welt hat Gott erwählt, um das Starke zuschanden zu machen. Und das Niedrige in der Welt und das Verachtete hat Gott erwählt: das, was nichts ist, um das, was etwas ist, zu vernichten, damit kein Mensch sich rühmen kann vor Gott« (1 Kor 1,27–29).

Der Kampfplatz im eigenen Herzen und die öffentlichen Auswirkungen

Die persönliche Entscheidung ist Teil einer großen Auseinandersetzung, die weit über das eigene Leben hinausgeht. Die heilsgeschichtliche und unheilsgeschichtliche Dimension tut sich auf, und wir stehen mitten darin. Karl Rahner schreibt: »Keiner von uns kann der kompromisslosen Entscheidung für Christus ausweichen. Das mag eine Binsenwahrheit des Glaubens sein, wir müssen sie uns aber doch immer wieder einprägen, weil wir die Tendenz haben, den beständigen Kampf zu meiden, Ruhe zu suchen, uns das Leben billiger zu gestalten, nichts preisgeben zu wollen, Vorbehalte zu machen.«[48] Ignatius hat in seinen Exerzitien das Bild der zwei Banner aufgenommen (EB 136–149): Sie stehen für »Jerusalem« als Stadt Gottes und des Friedens und für »Babylon« als Stadt des Krieges, der Missgunst, der Gewalt und der Lüge. Das Bild ruft zur Unterscheidung und Entscheidung für mein Leben. Solche Kontrastierungen helfen, deutlicher zu sehen, worum es geht. Wie auch immer ich mich entscheide, welchen Stil ich annehme, welche Lebensform ich wähle, wozu ich schweige, wo ich den Mund aufmache: Alles hat öffentliche Auswirkungen.

Das Bild der zwei Banner hilft, diese öffentlichen Auswirkungen des Lebens deutlicher zu erkennen. Ignatius von Loyola spricht vom »Banner Luzifers, dem Todfeind unserer menschlichen Natur« (EB 136, 140) und vom Banner Christi (EB 136–139, 143–148). Die Banner-Betrachtung führt in das Entscheidungsgeschehen hinein. Diese wird im Ritus der Taufe vollzogen, vor allem in der Absage an das Böse – in der Alten Kirche wandte man sich dazu bewusst von Westen

Richtung Osten[49] – und im Bekenntnis zum dreifaltigen Gott.

Es ist ein tief menschliches Bild, das sowohl in den biblischen Schriften als auch in der kirchlichen Tradition aufscheint: Jerusalem und Babylon. *Civitas Dei* (Stadt Gottes) und *Civitas diaboli* (Stadt des Teufels), hier Kirche und dort Reich des Bösen. Bei Ignatius erfährt dieses Gegensatzpaar eine spezielle Deutung. Auch innerhalb der Kirche gibt es Unheil, auch hier gibt es Stolz, Gier nach Reichtum, Verführung und Machtmissbrauch. Die Gewalt des Bösen, darauf macht Ignatius aufmerksam, drängt überall hin. Die Scheidungslinie zwischen gut und böse geht durch das Herz jedes Menschen. Niemand entgeht der sublimen Versuchung zum Habenwollen, Geltenwollen, Seinwollen – Ignatius spricht von Reichtum, Ehrsucht und Hochmut. Immer wieder gilt es, sich neu zu entscheiden, neu für Christus. Während die Gier nach Geld, Besitz usw. offensichtlich zu erkennen ist, wird es bei der Ehr- und Ruhmsucht schon schwieriger. »Diese oder jene gesellschaftliche Position, ein bestimmter literarischer Einfluss, eine wissenschaftliche Geltung lassen mich viel weniger frei als die wirtschaftlichen Verhältnisse. Die Möglichkeit, etwa meinen Ruf einzubüßen, wird mich eher mit der Angst erfüllen, dass ich mir dabei selbst verloren gehe. Das aber bedeutet doch, dass ich mich an die Dinge dieser Welt klammere, sie um jeden Preis zu behaupten suche, schließlich auch Gott gegenüber« – so Rahner.[50]

Auf der anderen Seite steht das Banner Christi: Armut – gegen Reichtum; Schmähungen und Verachtetwerden – gegen weltliche Ehre; Demut – gegen Hochmut. Noch einmal Rahner: »Der Mensch, der die Mitte seines Daseins wirklich in Gott verlegt und sich nicht vorbehaltlos auf die Dinge der Welt einlässt, ist, von dieser her gesehen, tatsächlich immer der Dumme, Rückständige, anscheinend Lebensuntüchtige, Unnütze, der Schwache und Zukurzkommende. Ein Mensch, der die Weltdinge nicht absolut an sich reißt, sondern distanziert bleibt, ist in der Arena dieser Welt notwendigerweise im Nachteil allen gegenüber, die sich mit den Waffen, mit denen da gestritten wird, absolut identifizieren … Dass wir aber von vornherein, wenn wir unser Christentum ernst nehmen, im Rennen der Welt nicht an der Spitze liegen können, ist ein allgemein gültiges und notwendiges Kennzeichen der Nachfolge Christi … Auch in der Kirche gibt es Leute, die ihre Ellenbogen gebrauchen, sich vorwärts drängen, sich mit guten und mit bösen Mitteln durchzusetzen trachten und die ihren Einfluss einfachhin mit der Entfaltung des Reiches Gottes identifizieren. Wer mit ihnen nicht gleichzieht, bekommt das hart zu spüren. Er setzt sich dem aus, was Ignatius etwas massiv mit Schmähungen und Verachtetwerden nennt. Wenn wir im kirchlichen Dienst nicht auf die Täuschungen Luzifers hereinfallen wollen, werden wir wenig äußeren Erfolg zu verbuchen haben … Im Allgemeinen sind nur für die weltlichen Erfolge Medaillen und Anerkennungsschreiben zu erwarten und nicht für die Taten, in denen das Reich Gottes eigentlich ankommt. Für selbstlosen Verzicht, unentwegtes Durchhalten, für Opfer ohne Ausschau auf Lohn, die vorbehaltlose Orientierung nach dem Willen Gottes in der Nachfolge des gekreuzigten Herrn gibt es auch in der Kirche kaum Ehrung und Anerkennung. Es kann sie gar nicht geben. Aus einer solchen angenommenen Armut entsteht aber wie von selbst die Demut, mit ihr ist schon die Offenheit und Freiheit des Herzens gegeben, die ihren Weg geht, ohne auf sich zu schauen, ohne mit Lohn zu rechnen, die mit dem Bewusstsein hergibt, gerade so und nicht anders reich zu sein: reich in Gott selbst.«[51]

Was heißt es, in der Glitzerwelt von heute sich zwischen den beiden Bannern zu entscheiden? Wie entgeht ein Mensch dem Zwang des Habenmüssens, dem Pomp? Ein junger Vater entscheidet sich für seine Familie und nimmt dabei ein geringeres Einkommen und den Verzicht auf Karriere in Kauf. Eine Abiturientin macht ein freiwilliges soziales Jahr, auch wenn die Familie zu Effizienz und Leistung und damit zu einem raschen Studienstart drängt.

Die Wahrheit wird euch frei machen (Joh 8,32)

»Warum sind Christen so wenig mutig?« Peter erlebte es an seinem Arbeitsplatz in einem traditionsreichen bayerischen Unternehmen: Der leitende Angestellte hatte es auf einen Mitarbeiter abgesehen und versuchte, ihn aus dem Betrieb »hinauszukicken«. Alle in der Abteilung wussten, dass die Vorwürfe gegen ihn nicht stimmten. Keiner sagte etwas. »Das sind doch alles getaufte Christen, die ihre katholische Tradition hochhalten und sonntags zur Kirche gehen, ebenso wie unser Chef. Doch niemand hat etwas gesagt, alle hatten Angst und haben gekuscht. Ich habe dann den Mund aufgemacht. Da haben sie mich schief angesehen und mir hinter vorgehaltener Hand gesagt, ich solle mir meine berufliche Zukunft nicht verderben und einfach still sein. Aber das kann und will ich nicht mehr. Ich bin doch nicht zum Mundhalten wieder in die Kirche eingetreten.«

Wie schwer es fällt, kirchliche oder gesellschaftliche Wahrheit anzunehmen und daraus radikale Konsequenzen zu ziehen, verdeutlicht eine Geschichte: Nach einer alten asiatischen Tradition wurde Jahr für Jahr am kaiserlichen Hof die Geschichte des Reiches fortgeschrieben. Für diese Aufgabe wurden zwei hohe Minister des Kaisers bestimmt. Der eine musste alles Gute aufschreiben, das sich im Reich zugetragen hatte; der andere musste eine Liste dessen aufstellen, was an Negativem vorgefallen war. Aber keiner der beiden war auf dem Laufenden über das, was der andere schrieb. In einer öffentlichen Sonder-Audienz zu Beginn des Neuen Jahres mussten die beiden Schreiber in Anwesenheit des kaiserlichen Hofes ihre Bilanz vorlesen. Alle erwarteten, aus dem Kontrast der beiden Aufstellungen die Wahrheit zu erkennen. Nachdem er die Berichte angehört hatte, wandte sich der Kaiser an den Hof und bat: »Wer von euch etwas dazu zu sagen hat, möge es tun.« So geschah es, dass der Kaiser eines Tages alle aufforderte, ihre Meinung kundzutun. Aber keiner wagte, etwas zu sagen. Es herrschte tiefe Stille, bis plötzlich ein leises Seufzen und Weinen zu hören war. Da fragte der Kaiser: »Wer weint? Derjenige, der geweint hat, soll vor mich hintreten und reden.« Darauf trat ein Mandarin hervor, verneigte sich dreimal tief vor dem Kaiser und sagte mit großem Respekt: »Majestät, niemand an diesem Hof wagt es, die Wahrheit zu sagen. Ich fürchte, dass unsere Nation in Gefahr ist und untergehen könnte.«[52] Vieles ist gewonnen, wenn wenigstens einer den Mut hat, aufzustehen und Nein zu sagen. Christen sind nicht anders als andere. Und natürlich stimmt es, dass wir eine Kirche der Sünder sind, in der es Feigheit, Egoismus, Machtmissbrauch, mangelnden Mut und Angst ebenso gibt wie anderswo. Aber wenn es genügt, sich mit dem Status quo zufrieden zu geben, stimmt etwas nicht. Die Frage nach dem engagierten Christsein ist besonders bei

Menschen lebendig, die wieder oder neu zum Glauben gefunden haben. Für sie sind die ethischen Fragen grundlegend und nicht von anderem zu trennen. Es geht ihnen um einen überzeugenden Lebensstil. Sie sind sensibilisiert für die gleichgültige Haltung, die doch viele getaufte Christen an den Tag legen. Mich rütteln diese Anfragen auf, und ich spüre, wie sehr ich mich schon arrangiert habe, ohne darüber zu erschrecken. »Nichts ist schwerer und nichts fordert mehr Charakter, als sich im offenen Gegensatz zu seiner Zeit zu befinden und laut zu sagen: Nein.«[53]

10. Für wen lebst du?

»Folget mir nach!«, sagte Jesus zu Simon und Andreas, zu Jakobus und Johannes, zu Matthäus (Mk 1,17–20; 2,14 u.a.). Als sie zu Jüngern geworden waren, wurden sie Schritt für Schritt in das Geheimnis seines Lebens, seines Auftrags, seiner Sendung und seiner Person eingeweiht. Denn Jesus nachzufolgen bedeutet nicht nur, gerecht zu handeln, sondern sein Schicksal zu teilen. Wer sind denn die Jüngerinnen und Jünger Jesu? Besagt Glauben an Jesus Christus etwas anderes, als sich jetzt an Jesu Vorbild zu orientieren?

Wenn man auf die Geschichte der Jüngerschaft schaut, so war es zur Zeit Jesu nicht unüblich, einem Vorbild oder Meister nachzueifern. Jünger gab es auch bei den Rabbinen, den Schriftgelehrten. Auch Johannes der Täufer hatte eine Jüngerschar um sich versammelt. Das Besondere der Jüngerschaft Jesu lag darin, dass im Unterschied zu den Rabbinen nicht die Jünger ihren Meister, sondern Jesus sich seine Jünger suchte. Gewiss bestand Jüngerschaft auch darin, dass der Jünger mit seinem Meister das Leben teilte. Bei den Rabbinen war das eine begrenzte Zeit. Bei Jesus besteht Jüngerschaft für immer: Wer einmal sein Jünger oder seine Jüngerin geworden ist, bleibt es. Lebensgemeinschaft bedeutet für den Jünger Jesu somit immer auch Schicksalsgemeinschaft.

Nun waren die Jünger zwar ohne weiteres bereit, seine Erfolge und seinen Glanz zu teilen: »Wir haben alles verlassen und sind dir nachgefolgt; was wird uns dafür zuteil werden?« (Mt 19,27). Doch mussten sie erfahren, dass es zunächst galt, seinen Weg und seine Passion zu teilen. Jesus forderte ein ungeteiltes Herz, den Verzicht auf Reichtum und Sicherheit (Mt 8,19–22; 19,16–22) und auf jedes Zurück (Lk 9,61f.) – eine Forderung, die an jeden ergehen konnte. Wenn die ihm Nachfolgenden so auf Güter und Anhänglichkeiten verzichteten, lernten sie, was es bedeutete, Jesus bis zum Kreuz nachzufolgen. Verstehen und begreifen sollten sie erst langsam, nach vielen Enttäuschungen und eigenem Versagen. Erst die Begegnung mit dem Auferstandenen eröffnete ihnen den ursprünglichen Sinn der Sendung Jesu und ihre Bestimmung. Petrus, der sich bereit erklärt hatte, Jesus zu folgen, wohin immer er gehen würde, verließ ihn in der Passion genauso wie die übrigen Jünger (Mt 26,35.56), verstand dann spät, wohin er gehen sollte (Joh 13,36), und ging dann dorthin, wohin er nicht zu gehen gedacht hatte (Joh 21,18f.).

Die Theologen des Neuen Testaments haben das Bild der Nachfolge variiert. Christus nachzufolgen bedeutet nach Paulus, ihm in seinem Geheimnis des Todes und der Auferstehung gleichförmig zu werden. Diese Gleichförmigkeit beginnt mit der Taufe (Röm 6,2ff.) und muss sich durch die Nachahmung (1Kor 11,1) und durch die freiwillige Gemeinschaft im Leiden vertiefen, in dem sich die Macht der Auferstehung erweist (2 Kor 4,10f; 13,4; Phil 3,10; vgl. 1 Petr 2,21).

Nach Johannes bedeutet Christus nachzufolgen, ihm seinen Glauben entgegenzubringen, einen Glauben, der die Bedenken der menschlichen Weisheit zu überwinden vermag (Joh 6,2.66–69). »Wenn jemand mir dient, so folge er mir, dann wird dort, wo ich bin, auch mein Knecht sein« (Joh 12,26). »Erfahrung Jesu würde sich von daher in etwa umschreiben lassen als Zuwachs von Sinn im Dasein für die anderen, als Zukommen neuer

69

Kraft, auch als durchhalten können in aussichtslos scheinenden Situationen.«[54]

Es gibt kein Christsein ohne Nachfolge. Nur ihm nachfolgend wissen Christinnen und Christen, worauf sie sich eingelassen haben.[55] Man wird Gott im Sinne Jesu nur dann erfahren, wenn man sich, im Hören auf Gottes Wort, für eine gerechtere und menschlichere Welt engagiert »und letztlich nur dann, wenn man sich auf seinen zur Verwundung und zum Kreuz führenden Nonkonformismus einlässt. Denn effizienten Dienst für die Welt gibt es nur durch diesen Nonkonformismus hindurch; er verhindert die Solidarität mit den Mitmenschen nicht, sondern ist die einzige Möglichkeit, die Verhärtung des Egoismus zu durchbrechen.«[56] Die Orientierung an Jesus Christus, seinem Beispiel zu folgen, sich wie er auf die Menschen einzulassen und für die einzutreten, die keine Stimme haben und keine Anerkennung erfahren, wird ein ermutigender Anstoß sein, aus Enge und Ängstlichkeit herauszutreten, um ein Mensch für andere zu werden, ein Christenmensch. Das meint »Proexistenz«: Dasein für andere. »Wenige Menschen ahnen, was Gott aus ihnen machen würde, wenn sie sich der Führung der Gnade rückhaltlos übergäben.«[57]

Das Verhalten Jesu von Nazaret und das Unrecht, das er erleidet, kennt viele Facetten. Die Antwort auf seine Verkündigung bestand vielfach in Unverständnis, Ablehnung und Heuchelei (Mt 11,6; 15,7; 23,13; 23, 37f.). Dieses Unverständnis legte auch der Macht Jesu Beschränkungen auf (Mt 13,58), so dass sich Jesus über den Mangel an Glauben, selbst bei seinen eigenen Anhängern, wunderte (Mk 6,6). Als Petrus hörte, was Jesus widerfahren sollte, verleugnete er ihn – wie es Jesus vorausgesagt hatte (Mt 26,31–35.69–75). Es dauerte lange, bis Petrus lernte, was es heißt, sich ganz auf Gott einzulassen. Es gibt keine billige Nachfolge. Wer Jesus nachgeht, muss bereit sein, dem Unrecht zu widerstehen und es zur Not selbst auf sich zu nehmen (Mt 16,24), wenn er für die Botschaft Jesu Zeugnis ablegen will (Mt 10,32f.).

»Wir predigen Christus, den Gekreuzigten, den Juden ein Ärgernis, den Heiden eine Torheit« (1 Kor 1,23). So beschreibt Paulus die unmittelbare Reaktion jedes Menschen angesichts des Kreuzes. Die Offenbarung des Johannes identifiziert das Schicksal der Jünger mit dem Schicksal Jesu und sagt, dass die Zeugen dort das Martyrium erleiden, »wo auch Christus gekreuzigt wurde« (Offb 11,8). Hatte doch schon Jesus die Forderung erhoben: »Wer mein Jünger sein will, der verleugne sich selbst, nehme sein Kreuz auf sich und folge mir nach« (Mt 16,24f.). Das Kreuz, das der Jünger trägt, ist das Zeichen, dass er bereit ist, auch Verfolgungen auf sich zu nehmen, selbst wenn man ihm dabei das Leben nimmt (Mt 23,24). Das hat nichts mit Leidensmystik zu tun. Christen suchen nicht das Kreuz und nicht das Leid. Vielmehr versuchen sie, diesem nicht auszuweichen, es – soweit möglich – zu bekämpfen und es – wo dies nicht möglich ist – auf sich zu nehmen.

Das Kreuz steht jedoch nicht nur für Katastrophe, Schmerz und unendliches Leid, sondern es gilt auch als Zeichen des neuen Lebens (vgl. Joh 12,26). Diese Spannung zwischen Erlösung und noch ausstehender Erfüllung durchzieht letztlich jede christliche Biographie. Die Defizite menschlichen Lebens, Leid und Tod, sind ja nach der Auferweckung Jesu Christi nicht einfach aufgehoben. Das Ausharren und Warten auf das Wiederkommen Christi und damit das Bewusstsein der noch ausstehenden Vollendung gehören zur christlichen Grundhaltung, zur Kreuzesnachfolge, zu Leben und Liturgie. Der altkirchliche Ruf *maranatha* (»Komm, Herr Jesus«, Offb 22,20), der nicht ohne Grund zu den letzten Worten des Neuen Testaments gehört, müsste unser Leben, Beten, Feiern und Arbeiten viel stärker prägen. Alfred Delp sagt: »Man muss es einem Menschen anspüren, dass er um das Letzte weiß, dass er begriffen hat: Einer der Grundzüge des Lebens heißt: Advent – und das heißt Begegnung mit einem Letzten und Allerletzten und das heißt geprägt sein ... und unberührbar sein gegen den Kompromiss und das Halbe und das Schweigen und die Angst und das Sichverkriechen, wo immer es sich darum handelt, das Zeugnis zu geben. Und gebe Gott, dass wir Menschen haben und dass wir Propheten haben, die ... echt sind und ein echtes Zeugnis leisten.«[58]

Dieses Verständnis der Nachfolge ist heute bedeutsam. Es eröffnet eine Seite des Christseins, die uns deutlich macht, dass wir Schülerinnen und Schüler Gottes bleiben. Es bewahrt uns vor einem veräußerlichten Christentum und davor, ein zu theoretisches oder spiritualisiertes Christentum zu verkünden. Alle echten Erneuerungen der Kirche erfolgen in der Besinnung auf den Ursprung, auf Jesus Christus, auf sein Leben für uns.

11. Freiheit

Kann man Freiheit lernen? Bleibe ich als Christin, als Christ noch frei, oder bin ich eingesperrt zwischen Dogmen und Meinungen, beherrscht von dem, was »man« tut? Gilt heute der Satz des Paulus von der Freiheit des Menschen? »Zur Freiheit hat uns Christus befreit, darum lasst euch nicht erneut das Joch der Knechtschaft auflegen« (Gal 5,1). Und wie bleibt man frei?

Freiheit hat mit Hoffnung zu tun. Der Zweifel, ob die Lebensentscheidung stimmt, ob der eingeschlagene Weg sinnvoll bleibt, ist nicht aufgehoben, ebensowenig die Angst vor dem unkalkulierbaren Risiko. Was kann nicht alles auf diesem Weg passieren: Werde ich scheitern? Oder in Mittelmäßigkeit versinken? Werde ich mich mutig für das Evangelium einsetzen oder feige schweigen? Werde ich flüchten oder standhalten? Die Entscheidung ist zukunftsoffen, der Weg ist nicht kalkulierbar. »Hoffnung ist eben nicht Optimismus, es ist nicht die Überzeugung, dass etwas gut ausgeht, sondern die Gewissheit, dass es Sinn hat, ohne Rücksicht darauf, wie es ausgeht« (Vaclav Havel). Die Frage geht an jeden Einzelnen – die Antwort kennt keine Stellvertretung: Ist für mich jetzt die Zusage Gottes – nach meinen bisherigen Erfahrungen – wahr genug und groß genug, um mich für die Hoffnung zu entscheiden? Kann ich in Freiheit zustimmen?

Die Entscheidung blendet die Angst nicht aus, sondern rechnet mit ihr, und sie sieht bei jedem anders aus: die Angst vor Vereinsamung oder die Angst vor Freiheitsverlust, die Angst vor Isolation und Einsamkeit oder die Angst vor Chaos und Unordnung. Die Entscheidung zur Hoffnung entspricht einer Art Kontrakt, einem Bündnis Gottes mit dem Menschen: Wir können nur in Freiheit zustimmen. Es sind überschaubare Bedingungen mit unüberschaubaren Auswirkungen. Wohl nicht zufällig verwendet die Heilige Schrift die häufige Wendung: »Fürchte dich nicht«. Vom ersten (Gen 15,1) bis zum letzten Buch der Bibel (Offb 2,10) findet sich diese Zusage immer wieder. Sie ergeht unter anderem an Maria (Lk 1,30), an die Jünger, als Jesus über das Wasser geht (Mt 14,22–33), sie kommt vom Engel am Grab (Mt 28,5) und vom Auferstandenen (Mt 28,10). Wir brauchen keine Angst zu haben, dass uns in der Begegnung mit Gott etwas passiert! Es geht darum, das Risiko auf Veränderung einzugehen. Das ist es ja, was uns zögern lässt. Die Antwort und die Entscheidung müssen sicher immer wieder neu getroffen werden. Man kann nicht einfach sagen: Jetzt habe ich mich entschieden, jetzt glaube ich, jetzt vertraue ich, jetzt bleibe ich frei.

Keiner kann allein frei sein. Wer von Freiheit spricht und in Freiheit leben will, der meint, dass er die Anerkennung der anderen braucht und auf ihre freie Zustimmung angewiesen ist. Die Würde der anderen anerkennen und die eigene Würde annehmen schließt ein, dass ich mich selbst – auch vor Gott – aushalte: erleuchtet und verfinstert, erhaben und erbärmlich, schön und schäbig. Sich anderen zuzumuten, ohne sich verstellen zu müssen, hat mit Freimut zu tun. Ich brauche mich weder zu überheben noch zu verkleinern. Aus diesem Vertrauen kann ich handeln und mich für andere einsetzen, ohne selbst die Herrschaft übernehmen zu wollen. Ich kann vergeben, weil ich selbst mich als geliebte Sünderin von Gott erkannt und angenommen erfahre. Ich werde meine Einstellung zu Macht und

Leistung, zu Haben und Sein, zu Eigentum und Arbeit verändern.

Nach Thomas Pröpper lautet der kategorische Imperativ gläubiger Praxis so: »Gib niemals einen Menschen auf und verweigere ihm deine Anerkennung nicht, auch wenn er sie (noch) nicht erwidert oder nicht mehr erwidern kann. Dies bedeutet Verantwortung für die noch Unmündigen, Treue zu den Schwachen und hoffnungslos Kranken, aber auch Hinwendung zum Gegner. Es verlangt Konfliktfähigkeit und die Bereitschaft zum Risiko der Gewaltlosigkeit, das Ertragenkönnen von Unrecht, um durch Vergeltung nicht neues Unrecht zu schaffen, und die Übung im Widerstand ohne Hass.«[59]

12. Die Tür des anderen

Was ist von Ignatius von Loyola zu lernen? Als Aufgabe seines Lebens entdeckte er, »den Seelen zu helfen«. Heutigen Ohren klingt das antiquiert. Wenn wir auf sein Leben und seine Lebenskultur schauen, verstehen wir es besser: »Den Seelen helfen«, das war für ihn keine abstrakte Frömmigkeitsübung, sondern bedeutete konkret, Kranke in den Spitälern zu pflegen, jungen Menschen eine Schulbildung zu ermöglichen, Arme zu versorgen, Bildung zu fördern, für Mädchen und Frauen, die in Rom in die Prostitution gezwungen waren, ein Frauenhaus einzurichten.

In einem seiner Briefe ist ein Ausdruck zu finden, der aufmerken lässt: »Hereintreten durch die Tür des anderen«[60], und zwar ohne zu verführen oder einzuordnen. Ignatius wollte, dass die Menschen zu ihm und zu seinen Gefährten Vertrauen fassten. Er wollte ein glaubwürdiger Christ sein. Die Menschen, denen er half, hatten in der Regel eine lange Geschichte von Intrigen, Enttäuschungen und Kämpfen hinter sich. Ignatius wusste, dass Vertrauen Zeit braucht. »Hereintreten durch die Tür des anderen«, das heißt: die Tür wählen, die mir der andere öffnet. Es meint also nicht List, Strategie oder Täuschung, sondern respektvoll dem anderen zu begegnen, nicht mit der Tür in sein Haus zu fallen, sondern zu warten, bis er öffnet und mich eintreten lässt (vgl. EB 332), und dann frei und aufmerksam hineingehen.

»Zur Tür des anderen hineingehen« – Ignatius hat dieses Wort nicht erfunden, sondern er nimmt ein spanisches Sprichwort auf und füllt es mit neuem Inhalt. Mit

Bezug auf Kol 4,2 gibt er einen wichtigen Hinweis: »Der Herr hat die Tür für die Verkündigung des Evangeliums geöffnet.«[61] Hierin entdecke ich hilfreiche Impulse: Ignatius bleibt in all seinen Anweisungen und Methoden zielorientiert: Den Seelen zu helfen heißt, den ganzen Menschen aufzurichten! Einem Menschen helfen kann nur, wer liebt: »Eines der Dinge, in denen wir uns gründen müssen, um unserem Herrn zu gefallen, wird darin bestehen, alle Dinge von uns zu weisen, die uns von der Liebe zu den Brüdern und Schwestern trennen können, indem wir uns mühen, sie mit herzlicher Liebe zu lieben.«[62]

Der Philosoph Emmanuel Levinas sagt: »Die Beziehung mit dem anderen ist weder eine idyllische und harmonische Beziehung der Gemeinschaft noch eine Sympathie, durch die wir uns als ihm ähnlich erkennen, indem wir uns an die Stelle des anderen setzen, sondern sie ist uns gegenüber außerhalb; das Verhältnis zum anderen ist ein Verhältnis zu einem Geheimnis.«[63]

13. Aufmerksamkeit

Wie lernt man aufmerksam zu werden für den anderen, für sich selbst, für Gott? Und wie übt man Präsenz, aufmerksames Dasein? In Gesprächen? In Begegnungen? In der Kunst? Im Gebet?

Ignatius nannte das Gebet *examen conscientiae* (Gewissenserforschung), heute sprechen wir lieber von »Tagesrückblick« oder von »Gebet der Aufmerksamkeit« – wenn möglich: von liebevoller Aufmerksamkeit. Am Abend nimmt man sich dazu etwa 15 Minuten Zeit.

Das Gebet kennt einen Dreischritt, der wohl für jede Kommunikation wesentlich ist: wahrnehmen – unterscheiden – entscheiden. Vor Beginn sollte man sich die dafür nötige Zeit wirklich freihalten. Ich bitte Gott um seine Gegenwart und um meine Offenheit dafür, ihn zu suchen und zu finden in dem, was ich an diesem Tag erfahren habe.

1. Wahrnehmen: die eigene Wirklichkeit wahrnehmen, wie sie ist – so weit wie möglich vorurteilslos, d.h. nicht gleich alles bewerten und beurteilen wollen, sondern genauer hinschauen, ohne gleich zu »wissen«, wie es richtig und besser wäre.

2. Unterscheiden: Was bewegt mich jetzt? Ignatius traut dem Einzelnen viel zu – und Gott noch mehr. Wie finde ich heraus, was stimmt? Wo ist eine Spur Gottes in meinem Leben und wo nicht? In den geistlichen Übungen beschreibt Ignatius einen Weg, wie Menschen lernen können, Wesentliches vom Unwesentlichen zu unterscheiden. Zu dieser Übung braucht es Herz und Verstand und alle Sinne. Welche Ereignisse oder Be-

gegnungen hinterlassen freie Gedanken, Mut, Freude, Dankbarkeit? Welche hinterlassen Unruhe, Misstrauen, Entmutigung, Egoismus, Enge, Ängstlichkeit oder Einsamkeit? Diese Übung ist nicht zu verwechseln mit einem »Denk positiv und du wirst Positives erfahren.« Ignatius meint: Ich sehe mich aufmerksamer und spüre und nehme genauer wahr, was geschieht und was mir entgegenkommt. Ich soll nicht etwas »machen«, sondern achtsamer werden auf das, was geschieht, um es besser, klarer zu sehen und um dann sinnvoll zu handeln. Das Gebet wird den Charakter eines Gesprächs haben; nach Ignatius: sprechen wie mit einem Freund oder einer Freundin.

3. Entscheiden: Fragen, Ängste, Zweifel soll ich nicht »wegbeten«, sondern bewusster wahrnehmen und anschauen, damit ich besser erkenne, woher diese Empfindungen kommen, und mir so einen anderen Umgang ermöglichen. In diesem Beten gibt es keine Frage- und Denkverbote, sondern alles hat Platz, meine tiefsten Befürchtungen, meine kühnsten Hoffnungen: Ich darf zweifeln, ohne den Boden zu verlieren, Fragen stellen, ohne Denkverbote, ich darf Angst zulassen, ohne verzweifeln zu müssen; denken und beten mit allen Sinnen, mit Herz und Verstand. Und wenn es möglich ist, kann ich meine Hoffnungen und Befürchtungen für den neuen Tag oder für den nächsten Schritt Gott hinhalten und sie ihm anvertrauen. Ich werde um Kraft und Entschiedenheit bitten für das, was jeweils notwendig ist: weitergehen, bleiben oder sich neu orientieren. Die Bibel sagt dazu: »Zuletzt bleiben Glaube, Hoffnung, Liebe, diese drei, doch am größten unter ihnen ist die Liebe« (1 Kor 13,13).

Es ist das Geheimnis Jesu. Karl Rahner sagt: »Man kann verzweifelt, ungeduldig, müde, skeptisch oder bitter werden, weil das Geheimnis so lange nicht in Seligkeit aufgeht. Aber es ist besser, in Geduld zu warten auf den Tag, der keinen Abend mehr kennt.«[64]

14. Warum nicht?

Wer immer noch fragt, ist dem Glauben bereits auf der Spur, weil er mit sich und der Welt noch nicht abgeschlossen hat, sondern dem Offenen und Unabgeschlossenen Raum lässt. Dann wäre die Frage eine Art überraschende Türöffnerin für den Glauben – oder für den Vorhof des Glaubens. Warum nicht? Ein mittelalterliches Altarbild: Im Vordergrund rechts ist die junge Mirjam/Maria von Nazaret, abgebildet in mittelalterlicher Kleidung. Links sieht man den Engel Gabriel, der mit einer Segensgeste zu ihr spricht. Im oberen Bildrahmen sind die Worte des Engels zu lesen, der Maria mit den Worten anspricht:»Gegrüßet seist du Maria, der Herr ist mit dir.« Der Bildrahmen notiert auch die Antwort Marias:»Siehe, ich bin die Magd des Herrn, mir geschehe nach deinem Wort.« Solche Darstellungen gibt es viele und sie sind nicht weiter auffällig. Dieses Bild trägt jedoch eine Besonderheit: In der Bildunterschrift ist zu lesen:»Pour quoy non«. Das ist außergewöhnlich. Das mittelalterliche Bild konfrontiert den Betrachter mit der Frage:»Warum nicht?« »Dieser Wappenspruch steht unter dem Gemälde der Verkündigung Mariens in der Schlosskapelle von Loyola ... Vor diesem Bild betete Ignatius in den Wochen seiner Bekehrung, als er immer wieder das entscheidende Warum oder Warum nicht bedachte und langsam einzusehen begann, dass es kein hinderndes Warum gibt für einen Menschen, der Gott dienen will.«[65] Wer glaubt, fragt! Und wer fragt, der gerät immer wieder vor dieses »Warum nicht«! Die Aufgabe unseres Lebens ist, so scheint mir: die Frage nach Gott offen halten.

15. Karl Rahner: Jeder Mensch

»Da ist einer, der mit der Rechnung seines Lebens nicht mehr zurechtkommt, der die Posten dieser Rechnung seines Lebens … nicht mehr zusammenbringt, … die Rechnung geht nicht auf, und er weiß nicht, wie er darin Gott als Einzelposten einsetzen könnte, der Soll und Haben ausgleicht. Und dieser Mensch übergibt sich mit seiner unausgleichbaren Lebensbilanz Gott oder – ungenauer und genauer zugleich – der Hoffnung auf eine unkalkulierbare letzte Versöhnung seines Daseins, in welcher eben der wohnt, den wir Gott nennen …

Da ist einer, dem geschieht, dass er verzeihen kann, obwohl er keinen Lohn dafür erhält und man das schweigende Verzeihen von der anderen Seite als selbstverständlich annimmt.

Da ist einer, der Gott zu lieben versucht, obwohl aus dessen schweigender Unbegreiflichkeit keine Antwort der Liebe entgegenzukommen scheint …

Da ist einer, der einmal wirklich gut ist zu einem Menschen, von dem kein Echo des Verständnisses und der Dankbarkeit zurückkommt …

Da ist einer, der schweigt, obwohl er sich verteidigen könnte, obwohl er ungerecht behandelt wird, er schweigt, ohne sein Schweigen als Souveränität oder als Unantastbarkeit zu genießen …

Da ist einer, der verzichtet, ohne Dank, Anerkennung, selbst ohne das Gefühl innerer Befriedigung …

Da ist einer, der merkt plötzlich, wie das kleine Rinnsal seines Lebens sich durch die Wüste der Banalität des Daseins schlängelt … und doch hofft er, er weiß nicht, wie, dass dieses Rinnsal die unendliche Weite des Meeres findet ... So könnte man noch lange fortfahren und hätte dann dennoch gerade jene Erfahrung nicht beschworen, die diesem oder jenem bestimmten Menschen in seinem Leben die Erfahrung des Geistes, der Freiheit und der Gnade ist. Denn jeder Mensch macht sie je nach der eigenen geschichtlichen und individuellen Situation seines je einmaligen Lebens. Jeder Mensch!«[66]

Anmerkungen

[1] Karl Rahner, zit. in: Christian Feldmann, Gibt es eine Liebe, die bleibt? Vor 25 Jahren starb Karl Rahner. Porträt, Konradsblatt 18 / 2009, 26–27.

[2] Abraham J. Heschel, Gott sucht den Menschen, Neukirchen 1988, Vorwort V.

[3] Vgl. Karl Heinz Menke, Handelt Gott, wenn ich ihn bitte? Regensburg 2000.

[4] Karl Rahner, Frömmigkeit früher und heute, in: Schriften zur Theologie VII, 1966, 11–31.

[5] Bildlich dargestellt, ergäbe dies ein gleichschenkliges Dreieck aus Du, Ich und Wir, das im Idealfall alle drei Beziehungsweisen in ausgeglichener Spannung hält.

[6] 1. Die Beziehung zu Gott: Gott, Jesus Christus wird als Gegenüber, als Du erfahren.

2. Die Beziehung zu mir selbst: Meine Identität bildet sich und meine Persönlichkeit entfaltet sich als Wachstum im Glauben.

3. Die Beziehung zu anderen: Der gemeinschaftliche und kirchliche Aspekt; die Gemeinschaft der Glaubenden, als Leib Christi (1 Kor 12,12–27).

[7] Thomas Pröpper, Erlösungsglaube und Freiheitsgeschichte. Eine Skizze zur Soteriologie, München 1988, 217.

[8] Eindrücklich zu lesen im »Prinzip und Fundament« des Exerzitienbuches (Ignatius von Loyola, Die Exerzitien, versch. Ausgaben, im folgenden zit. mit »EB« und Randnummer, hier EB 23). Hier findet sich zu Beginn bereits das Ganze, sozusagen die Ouvertüre, die Teile von allem, was noch kommen soll, enthält. Vgl. Stefan Kiechle, Kreuzesnachfolge. Eine theologisch-anthropologische Studie zur ignatianischen Spiritualität, Würzburg 1996, 31.

[9] Karl Rahner, Der Geist, in: Sämtliche Werke (SW) Bd. 13, 421.

[10] Martha Zechmeister, Mystik und Sendung. Ignatius von Loyola erfährt Gott, Würzburg 1985, 94.

[11] Charles Péguy, Das Mysterium der Hoffnung, Wien / München 1952, 106f.

[12] Karl Rahner, Von der Theologie des Alltags. Vom Gehen, in: ders./ Andreas Felger, Von der Gnade des Alltags. Meditationen in Wort und Bild, Freiburg 2005, 28.

[13] Kyrilla Schweitzer, Beten mit Bildern? In: Bilder tun der Seele wohl. Von der Bildkraft der Exerzitien, Korrespondenz zur Spiritualität der Exerzitien, 57. Jg. 2007, Heft 91, 2–10.

[14] Karl Rahner, Biblische Predigten 29, in: ders., Worte gläubiger Erfahrung, hg. von Alice und Robert Scherer, Freiburg 2009, 43.

[15] Thomas Pröpper, Gottes Ja – unsere Freiheit. Theologische Betrachtungen, Mainz 1983, 42.

[16] Hans Kessler, Gott – warum wir ihn (nicht) brauchen, in: Stimmen der Zeit, März 2009, 173–187.

[17] Elazar Benyoetz, Allerwegsdahin. Mein Weg als Jude und Israeli ins Deutsche, Hamburg 2001, 7.

[18] Kyrilla Schweitzer, Beten mit Bildern? (Anm. 13), 10.

[19] Abraham J. Heschel, Gott sucht den Menschen. Eine Philosophie des Judentums, Neukirchen 1980, Einführung.

[20] Arbeitshilfen der Deutschen Bischöfe, Zeit zur Aussaat. 2000, Nr. 68, Mit einem Nachwort von Bischof Wanke, 40.

[21] Werner Kallen, Vom wehrlosen Mysterium. Spirituelle Notizen im Umbruch der Kirche, in: Geist und Leben. Zeitschrift für christliche Spiritualität, Heft 2/2009, 86–104, hier 91.

[22] Andreas R. Batlogg, Ist das zweite Vatikanum Verhandlungsmasse? In: Stimmen der Zeit 10/09, 649–650.

[23] Vgl. Johann Baptist Metz, Memoria passionis. Ein provozierendes Gedächtnis in pluralistischer Gesellschaft, Freiburg 2006.

[24] Vgl. hierzu Thomas Pröpper, Die inkarnatorische Soteriologie des Ostens und die staurozentrische Soteriologie des Westens, in: ders., Erlösungsglaube und Freiheitsgeschichte. Eine Skizze zur Soteriologie, München 1988, 71–100, dazu auch Andreas R. Batlogg, Die Mysterien des Lebens Jesu bei Karl Rahner. Zugang zum Christusglauben, Innsbruck 2003.

[25] Karl Rahner, Die ignatianische Mystik der Weltfreudigkeit, in: ders., Schriften zur Theologie III, Einsiedeln 1956, 329–348, hier 337.

[26] Karl Rahner, Das Ordensleben heute und morgen, in: ders., Wagnis des Christen. Geistliche Texte, Freiburg 1971, 133–152, hier 134f.

[27] Karl Rahner, »Ich glaube an Jesus Christus« in: Rahner / Weger, Was sollen wir noch glauben?, Freiburg 1979, 187–207, hier 198.

[28] Verlautbarungen des Apostolischen Stuhls, Nr. 179, Enzyklika Spe Salvi von Papst Benedikt XVI, 30. November 2007, 43.

[29] Franz Rosenzweig, Der Stern der Erlösung, Frankfurt 1988, 199–201.

[30] Meister Eckhart, Vom Wunder der Seele, hg. von Friedrich Alfred Schmid, Stuttgart 1998, 12; vgl. Predigt 10 von Meister Eckhart, in: Meister Eckhart, Predigten, MEW I, Frankfurt 2008, 119–131.

[31] Alfred Delp, Im Angesicht des Todes (Ignatianische Impulse 21), Würzburg 2007, 24.

[32] Ingrid Resch, Brief an die Autorin, München 2008.

[33] Johann Baptist Metz, Memoria passionis. Ein provozierendes Gedächtnis in pluralistischer Gesellschaft, Freiburg 2006, 4–5.

[34] Elie Wiesel. Hoffnung. Bleib dem Leben treu, Freiburg 2008, 62.

[35] Zit. bei Thomas Pröpper, Fragende und Gefragte zugleich. Notizen zur Theodizee, in: ders., Evangelium und freie Vernunft. Konturen einer theologischen Hermeneutik, Freiburg 2001, 266–287, hier 274.

[36] Hilde Domin, Die schwersten Wege, in: Gesammelte Gedichte, 1987, 118f.

[37] Alfred Delp, Im Angesicht des Todes, 73.

[38] Dietrich Bonhoeffer, Widerstand und Ergebung, Brief vom 24.12.1943.

[39] Dorothee Sölle, Sympathie, in: Gesammelte Werke, Bd. 2, 131–180.

[40] Ignatius von Loyola, Brief 123, in: Briefe und Unterweisungen, Würzburg 1993, 12–115, hier 113.115 (im Folgenden zitiert mit Briefnummer und Seitenzahl).

[41] Vgl. Rabbi Moses Cordoreo von Zefat: Tomer Deborah – Der Palmbaum der Deborah. Eine mystische Ethik radikalen Erbarmens (16. Jh.), neu: 2003.

[42] Johann Baptist Metz, Sendungsperspektiven, in: ders./Tiemo R. Peters, Gottespassion. Zur Ordensexistenz heute, Freiburg 1991, 51.

[43] Johann Baptist Metz, Memoria Passionis. Ein provozierendes Gedächtnis in pluralistischer Gesellschaft 2006, 166.

[44] Bernd Franke, Proexistenz als christologische Grundformel, Unveröffentlichte Diplomarbeit, Freiburg 1976, 81.

[45] Martin Maier, Oscar Romero, Freiburg 2001, 158; Maria Lòpez Vigil, Oscar Romero. Ein Porträt aus tausend Bildern, Luzern 1999 (Das Buch erstellt aus rund 200 Gesprächszeugnissen ein Lebensbild aus kollektiven Erinnerungen).

[46] Martin Maier, Oscar Romero, 149.

[47] Reinhard Marx, Das Kapital, München 2008.

[48] Karl Rahner, Betrachtungen zum Exerzitienbuch, in: Ignatianischer Geist (SW 13), 171.

[49] Cyrill von Jerusalem (315–386), Die heiligen Geheimnisse. Kate-

chesen, Blick zum Licht, in: Die Kirchenväter. Ihr Leben und Zeugnis, hg. von Maurice Vergicel, Stuttgart 1963, 96.

[50] Karl Rahner, Betrachtungen zum Exerzitienbuch, 174.

[51] Karl Rahner, Betrachtungen zum Exerzitienbuch, 178–179.

[52] Francois Xavier Nguyen van Thuan, Hoffnung, die uns trägt. Die Exerzitien des Papstes, Freiburg 2001, 31.

[53] Kurt Tucholsky, Schnipsel, Hamburg 1987, 67.

[54] Bernd Franke, Proexistenz als theologische Grundformel, 83.

[55] Vgl. Johann Baptist Metz, Zeit der Orden? Zur Mystik und Politik der Nachfolge, Freiburg 1979.

[56] Karl Rahner/ Wilhelm Thüsing, Christologie – systematisch und exegetisch. Arbeitsgrundlagen für eine interdisziplinäre Vorlesung. QD 55, Freiburg 1972, 189.

[57] Als »Sinnspruch des Ignatius« überliefert; zit. bei: Stefan Kiechle, Ignatius von Loyola, Freiburg ³2007, 179.

[58] Alfred Delp, Predigt zum zweiten Sonntag im Advent 7.12.1941, in: ders., Der Mensch im Advent, hrsg. v. Roman Bleistein, Frankfurt 1984, 24.

[59] Thomas Pröpper, Erlösungsglaube und Freiheitsgeschichte (Anm. 7), 224.

[60] Ignatius von Loyola, Brief 5174, 687–690; vgl. auch Brief 32, 63.

[61] Brief 2384, 396f.

[62] Brief 7015-F, 935f.

[63] Emmanuel Levinas, Die Zeit und der Andere, Hamburg 1989, 48.

[64] Karl Rahner, Ich glaube an Jesus Christus (Anm. 27), 198.

[65] Hugo Rahner, Ignatius von Loyola als Mensch und Theologe, Freiburg 1964, 5.

[66] Karl Rahner, Erfahrungen des Geistes. Meditationen zu Pfingsten, Freiburg 1981 (3. Aufl.).

Literatur

Hans Urs von Balthasar, Warum ich noch Christ bin, in: ders./ Joseph Ratzinger, Zwei Plädoyers, München 1971.

Andreas R. Batlogg, Die Mysterien des Lebens Jesu bei Karl Rahner. Zugang zum Christusglauben, Innsbruck 2003.

Leonardo Boff (Hg.), Das Prinzip Mitgefühl. Texte für eine bessere Zukunft, Freiburg 1999.

Bernd Franke, Proexistenz als christologische Grundformel. Aspekte zum Versuch einer Neubesinnung (unveröffentlichte Diplomarbeit), Innsbruck 1976.

Abraham Joshua Heschel, Gott sucht den Menschen. Eine Philosophie des Judentums, Neukirchen-Vluyn 1980.

Ders., Der Mensch fragt nach Gott. Untersuchungen zum Gebet und zur Symbolik, Neukirchen-Vluyn 1989.

Werner Kallen, Vom wehrlosen Mysterium. Spirituelle Notizen im Umbruch der Kirche, in: Geist und Leben, 2/2009, 86–104.

Stefan Kiechle, Kreuzesnachfolge. Eine theologisch-anthropologische Studie zur ignatianischen Spiritualität, Würzburg 1996.

Ders., Ignatius von Loyola. Mystiker und Manager, Freiburg [3]2007.

Ders., Sich entscheiden (Ignatianische Impulse 2), Würzburg [4]2008.

Joachim Kofler, Mit-Leid. Geschichte und Problematik eines ethischen Grundwortes, Würzburg 2001.

Reinhard Marx, Das Kapital. Ein Plädoyer für die Menschen, München 2008.

Willi Lambert, Das Gebet der liebenden Aufmerksamkeit, Trier 2007.

Ders., Das siebenfache Ja (Ignatianische Impulse 1), Würzburg [3]2007.

Ders., Gott umarmt uns durch die Wirklichkeit, Mainz 1991.

Johann Baptist Metz, Memoria passionis. Ein provozierendes Gedächtnis in pluralistischer Gesellschaft, Freiburg 2006.

Thomas Pröpper, Erlösungsglaube und Freiheitsgeschichte. Eine Skizze zur Soteriologie, München 1988.

Karl Rahner, Ignatianischer Geist. Schriften zu den Exerzitien und zur Spiritualität des Ordensgründers (Sämtliche Werke, Bd. 13), bearb. von Andreas R. Batlogg, Johannes Herzgsell, Stefan Kiechle, Freiburg 2006.

Hugo Rahner, Ignatius als Mensch und Theologe, Freiburg 1964.

Franz Rosenzweig, Der Stern der Erlösung, Frankfurt 1988.

Alfred Delp, Im Angesicht des Todes (Ignatianische Impulse 21), Würzburg 2007.

Martin Maier, Oscar Romero, Freiburg 2001.

Karl Heinz Menke, Handelt Gott, wenn ich ihn bitte?, Mainz 2000.

Kyrilla Schweitzer, Beten mit Bildern?, in: Korrespondenz zur Spiritualität der Exerzitien, Nr. 91, Augsburg 2007.

Dorothee Sölle, Leiden, Stuttgart 1973.

François Xavier Nguyen van Thuan, Hoffnung, die uns trägt. Die Exerzitien des Papstes, Freiburg 2001.

Martha Zechmeister, Mystik und Sendung. Ignatius von Loyola erfährt Gott, Würzburg 1985.

In der Reihe **Ignatianische Impulse**
sind bisher erschienen: